# Deja de pensar demasiado:

*23 técnicas para aliviar el estrés, detener las espirales negativas, despejar la mente y concentrarse en el presente*

de Nick Trenton

www.NickTrenton.com

# Índice

## Capítulo 1 Pensar demasiado no se trata de pensar demasiado

Imagina a un chico joven, James. James es amable, inteligente y consciente de sí mismo, quizás *demasiado* consciente de sí mismo. James siempre está preocupado por algo, y hoy está preocupado por un pequeño problema de salud que le ha llamado la atención. Hace sus investigaciones por internet y se alarma cada vez más ante las diferentes posibilidades. Luego para y se revisa: «Probablemente estoy dando muchas vueltas a la cabeza», piensa.

Así que deja de estresarse por su salud... y comienza a estresarse por sus pensamientos sobre su salud. Quizás lo que realmente necesita es algo de terapia. ¿Pero de qué tipo? Sus pensamientos se le escapan y pronto está debatiendo internamente sus opciones de ayuda profesional, discutiendo consigo mismo, sometiéndose a juicio, defendiéndose, cuestionándose, rumiando sobre recuerdos, conjeturas, temores interminables. Se detiene y se revisa. Se pregunta: «¿Es así como se siente tener ansiedad? ¿Es esto un ataque de pánico? O tal vez tengo esquizofrenia y ni siquiera lo sé todavía». Él piensa que nadie más agoniza por nada como lo hace él, ¿verdad? De hecho, en el momento en que tiene ese pensamiento, su cabeza se llena con aparentemente millones de ejemplos de todas las veces que la gente lo ha criticado.

Luego pone una lupa en todos sus defectos y comienza a darle vueltas a cada uno de ellos en su mente, preguntándose por qué es como es, torturado por el hecho de que parece que no puede simplemente «dejarlo estar». Después de una hora en esto, se da cuenta con desesperación de que no está más cerca de tomar una decisión sobre su problema de salud, e instantáneamente se siente deprimido, hundiéndose en una tormenta de diálogo interno negativo donde se dice una y otra vez que esto siempre sucede, que nunca se ordena a sí mismo, que es demasiado neurótico...

¡Uf! ¡Es difícil ver cómo todo este tormento y angustia mental comenzó simplemente porque James notó que tenía un lunar de aspecto extraño en el hombro!

Todos vivimos en un mundo muy nervioso, demasiado estimulado y muy cerebral. Pensar demasiado pone a toda marcha nuestros instintos cognitivos ordinarios. El pensamiento excesivo ocurre cuando nuestros procesos de pensamiento están fuera de control, lo que nos causa angustia. El análisis interminable de la vida y de uno mismo suele ser indeseado, imparable y contraproducente. Por lo general, nuestro cerebro nos ayuda a resolver problemas y comprender las cosas con mayor claridad, pero pensar demasiado hace lo contrario.

Ya sea que lo llames preocupación, ansiedad, estrés, rumia o incluso obsesión, la cualidad que caracteriza el pensamiento excesivo es que se siente horrible y no nos ayuda de ninguna manera. El clásico pensamiento excesivo a menudo se amplifica o da vueltas en círculos para siempre, y los pensamientos parecen intrusivos.

Pensar demasiado es una actividad mental excesivamente dañina, ya sea que se trate de analizar, juzgar, monitorear, evaluar, controlar o preocuparse, ¡o todas ellas, como en el caso de James!

Sabrás que pensar demasiado es un problema para ti si:

- A menudo eres consciente de tus propios pensamientos momento a momento.

- Te involucras en un meta-pensamiento, es decir, piensas en tus pensamientos.

- Te esfuerzas por controlar o dirigir tus pensamientos.

- Estás angustiado o no te gustan los pensamientos espontáneos y, a menudo, sientes que algunos pensamientos no son bienvenidos.

- Pensar por ti a menudo se siente como una lucha entre impulsos en competencia.

- Con frecuencia cuestionas, dudas, analizas o juzgas tus pensamientos.

- En las crisis, a menudo recurres a ti mismo y a tus pensamientos como fuente del problema.

- Estás enfocado en comprender tus pensamientos y profundizar en el funcionamiento interno de tu mente.

- Tienes problemas para tomar decisiones y, a menudo, dudas de las decisiones que tomas.

- Hay muchas cosas que te preocupan e inquietan.

- Te reconoces involucrado en patrones de pensamientos negativos, una y otra vez

- A veces, sientes que no puedes evitar volver a un pensamiento varias veces, incluso cuando ha sido cosa del pasado y ya no se puede hacer nada al respecto.

Notarás que algunos de los puntos anteriores son posiblemente buenas cualidades, ¿no queremos todos cultivar una mayor conciencia y atención plena? ¿No es bueno cuestionar tus reacciones instintivas y hacerse grandes preguntas para poder tomar mejores decisiones? La esencia del pensamiento excesivo está en el nombre: es cuando pensamos más allá de lo que es beneficioso para nosotros.

Pensar es un don maravilloso. La capacidad de reflexionar, analizar e interrogar incluso nuestros propios procesos de pensamiento es posiblemente la característica más definitoria de la humanidad y la causa de muchos de nuestros éxitos. El pensamiento no es un enemigo. Nuestro cerebro es una herramienta extraordinariamente útil, pero cuando pensamos demasiado, solo socavamos su poder.

## Causas del desorden mental y la agonía

Si el cerebro es algo tan maravilloso y si pensar es tan útil, entonces ¿por qué es tan común y de hecho tan fácil que la gente se pierda pensando demasiado? Diferentes personas a lo largo de los años (probablemente pensadores excesivos) han propuesto sus teorías: quizás pensar demasiado es un mal hábito, un rasgo de la personalidad o una enfermedad mental que puede eliminarse con medicamentos. De hecho, las razones por las que una persona piensa demasiado a menudo pueden convertirse en un tema de obsesión favorito para aquellos que piensan demasiado. «*¿Por qué, por qué, por qué soy así?*».

Si has elegido este libro, es probable que te hayas sentido angustiado por la forma en que tu propio cerebro parece huir contigo. Pero *hay* soluciones, y hay formas de salir del estrés y la ruina y entrar en aguas más claras y tranquilas. Sin embargo, lo primero a tener en cuenta es algo importante: **las causas del pensamiento excesivo rara vez son el foco del pensamiento excesivo.** ¿Qué significa esto? En el ejemplo de James, su pensamiento excesivo no tiene nada que ver con el lunar de aspecto aterrador que se ha encontrado. No tiene nada que ver con elegir al psicólogo adecuado o lo que esa persona le dijo hace veintitrés años o si debería sentirse culpable por ser una mala persona.

Todos estos pensamientos son el *resultado* de pensar demasiado. Cuando estamos atrapados en la rumia, puede parecer que los pensamientos son los problemas. Nos decimos a nosotros mismos: «si pudiera solucionar este problema que me molesta, podría relajarme y todo estaría bien». Pero, por supuesto, incluso si ese asunto se resolviera, otro ocuparía rápidamente su lugar. Eso es porque nunca fue la causa del pensamiento excesivo, sino el resultado.

Si esperamos abordar con éxito el pensamiento excesivo, debemos dar un paso atrás en lugar de tratar de resolver el problema desde adentro de nuestra propia rumia. Y durante el resto de este libro, trabajaremos en la suposición de que cuando hablamos de pensar demasiado, estamos hablando de *ansiedad*. Las personas pueden pensar demasiado sin tener un trastorno de ansiedad diagnosticado formalmente. Pero en los capítulos a continuación, veremos la ansiedad como la causa raíz (el por qué) y el pensamiento excesivo como el efecto (o el cómo). Entonces, ¿de dónde viene la ansiedad?

¿De ti?

La investigación sobre las causas de la ansiedad está en curso. Las teorías en competencia sugieren que es una cuestión de personalidad, o una cuestión de predisposición biológica, algo que heredaste de tus padres igualmente ansiosos. La ansiedad se encuentra a menudo con otros trastornos, tanto mentales (como la depresión) como físicos (como el síndrome del intestino irritable). Pero también se ha observado que ciertos grupos, como las mujeres, lo experimentan más y que elementos como la dieta, los estilos de vida estresantes, los traumas pasados e incluso la cultura tienen algo que ver.

Las personas están ansiosas por el dinero, el trabajo, las familias y las relaciones, el envejecimiento o los eventos estresantes de la vida. Pero, de nuevo, ¿son estas cosas causas de ansiedad y pensamiento excesivo, o son el resultado? Después de todo, muchas personas experimentan una enorme presión financiera o familiar y no se sienten ansiosas ni piensan demasiado, y otras se sienten ansiosas cuando, desde el exterior, no parece haber nada que cause la emoción.

Para tratar de dar sentido a las abundantes investigaciones que existen, adoptaremos el enfoque de que todas estas teorías tienen su lugar y que la ansiedad es *multifactorial*, es decir, es el resultado de una combinación de diferentes causas, que a su vez tienen formas interesantes de interactuar. La primera razón principal por la que estás ansioso podría ser la parte de la naturaleza de la pregunta «naturaleza versus crianza». En otras palabras, aunque no lo parezca en el momento, una gran causa de ansiedad puede deberse a factores intrínsecos dentro de ti como individuo.

Comencemos con una explicación común de la ansiedad: la genética. Lo cierto es que ningún experto ha podido identificar con absoluta certeza un solo motivo de ansiedad. Sin embargo, los investigadores han descubierto un componente genético. Purves et. al. argumentó en un artículo de *Psiquiatría Molecular* de 2019 que el cromosoma 9 lleva genes asociados con el desarrollo de la ansiedad. Pero tener estos genes no significa definitivamente que desarrollarás ansiedad.

El documento continúa explicando que los trastornos de ansiedad tienen una tasa de heredabilidad del 26 %; lo que esto significa es que el 26 % de la variabilidad en si las personas desarrollan trastornos de ansiedad o no se explica por la genética. Estoy seguro de que estarás de acuerdo en que esta es una contribución bastante pequeña, ¿qué pasa con el otro 74 %? Esto se reduce a su entorno y cosas como tu historia familiar, experiencias pasadas y estilo de vida actual. Este tipo de investigación puede ser difícil, porque cuando lo piensas, hay dos formas de «heredar» la ansiedad de los padres: una es genética, pero otra es la crianza que recibimos, nuestras experiencias formativas tempranas, etc. De esta manera, es difícil separar las influencias genéticas de las conductuales.

Si tienes un padre con un trastorno de ansiedad, tus posibilidades de tener uno son mayores, pero esto sigue siendo solo una cuestión de probabilidades. No existen «genes de ansiedad»» que te lleven a un destino fijo del que nunca podrás escapar. Incluso ahora hay evidencias que sugieren que a medida que envejecemos y nuestro entorno cambia, los efectos de nuestros genes tienen aún menos influencia sobre nosotros. Siempre puedes aprender a manejar la ansiedad, solucionarla y vivir bien, si conoces algún factor de riesgo y predisposición en particular.

¿Pensar demasiado es genético? Sí. Pero no es *solo* genético. La vida todavía pesa en ese 74 %, lo que significa que el entorno puede jugar un papel más importante. No podemos hacer mucho con nuestra genética, pero podemos hacer mucho con todo lo demás.

También hay otras fuentes de ansiedad dentro de nosotros además de la genética. Muchos de nosotros nos hemos convertido en pensadores habituales porque nos da la ilusión de que estamos haciendo algo sobre el problema en el que estamos pensando demasiado. Por lo tanto, si James está preocupado por su salud, es natural que al pensar demasiado en las diversas causas y soluciones parezca que está tratando de llegar al fondo del problema. Pero la verdad es que pensar demasiado a menudo no lleva a ninguna parte, porque el que piensa demasiado queda atrapado en el ciclo de analizar, rechazar y reconsiderar diferentes posibilidades. Es como rascarse una picazón que simplemente no desaparece. Puedes rascarte para sentir un alivio momentáneo, pero no detendrá la picazón a pesar de lo bien que se sienta rascarse.

Otra razón por la que puede ser tan difícil escapar de este círculo vicioso es que la ansiedad que causa nuestro pensamiento excesivo funciona de manera inteligente y traviesa. Se alimenta de nuestros peores miedos. Es posible que hayas notado que tu pensamiento excesivo se ve agravado por algunos desencadenantes muy específicos. Estos pueden ser tus inseguridades acerca de tus capacidades personales, tus relaciones con ciertas personas, tu salud física o mental, etc. El simple hecho de tratar de reprimir tus pensamientos cuando están enloquecidos a menudo da como resultado el resultado opuesto. Empiezas a pensar *todavía más* en lo que te preocupaba. Esto puede parecer una situación de impotencia, pero más adelante en este libro analizaremos algunas técnicas que puedes utilizar para salir de este ciclo.

Por último, nuestros hábitos diarios pueden alimentar nuestras ansiedades y resultar en pensar demasiado de manera sutil pero significativa. Hábitos aparentemente inocuos como revisar tus redes sociales con frecuencia, no comer bien o nutrirse de forma deficiente, no beber suficiente agua, tener ciclos de sueño incómodos, etc., pueden exacerbar nuestra tendencia a pensar demasiado en las cosas. De todos los factores que hemos mencionado hasta ahora, este es, con diferencia, el más fácil de controlar. Sin embargo, la siguiente fuente de ansiedad no se somete a nuestra voluntad con tanta facilidad.

¿Es tu entorno?

Tu genética puede darte una piel extremadamente clara que se quema al sol más que la de otras personas, pero si realmente te quemas o no, no depende de tus genes, ¡depende del sol! De la misma manera, los genes nos predisponen de una forma u otra, pero la vida misma juega el papel más importante en el desarrollo y mantenimiento de la ansiedad. En otras palabras, predisposición genética + eventos precipitantes estresantes = pensamiento excesivo.

La visión clásica solía ser que los trastornos mentales radicaban puramente en la persona que los padecía: «desequilibrios químicos» en el cerebro, por ejemplo. Pero ahora entendemos que la ansiedad y las condiciones de salud mental relacionadas pueden surgir definitivamente de, bueno, vivir en un mundo extremadamente estresante.

El estrés no es malo. El «eustrés» o estrés positivo, es el tipo de presión diaria normal que nos inspira, nos mantiene alerta y nos desafía a ser mejores. Sin embargo, cuando el estrés es demasiado grande, tiene el efecto contrario, y solo funciona para agotar nuestros recursos psicológicos y hacer que nos sintamos incapaces de afrontarlo. En el otro extremo del espectro, también podemos estar estresados por la completa falta de estimulación. Esta forma de estrés, conocida como hipóstasis, se produce cuando nuestro entorno no nos desafía lo suficiente. Esto solo demuestra que para prosperar, no necesitamos un entorno libre de estrés, necesitamos uno que se adapte de manera óptima a nuestras necesidades.

El estrés y la ansiedad no son lo mismo. La psicóloga Dra. Sarah Edelman explica que el estrés es algo en el entorno, una presión externa sobre nosotros, mientras que la ansiedad es nuestra experiencia interna de esta presión. Todos respondemos de manera diferente al mismo evento estresante, porque todos tenemos diferentes recursos y umbrales internos, y nuestra respuesta puede incluir otras emociones (como ira o depresión) y síntomas físicos (como insomnio, problemas digestivos o falta de concentración).

Estar vivo es estresante. Es una parte normal de nuestro mundo diario experimentar presión, desafío o incomodidad. Pero si es **persistente** y abruma nuestra capacidad para sobrellevar la situación y prosperar, podemos encontrarnos agotados, deprimidos o con un trastorno de ansiedad. La respuesta de lucha o huida del cuerpo evolucionó para mantenernos a salvo, pero nunca se suponía que debíamos *permanecer* en un estado elevado de excitación indefinidamente. Si acumulas estrés crónico en alguien que ya tiene una predisposición biológica o psicológica a pensar demasiado, es una receta para el agotamiento y el agobio.

Presiones laborales, niños exigentes, una relación emocionalmente agotadora, el estrés interminable del ciclo de noticias de veinticuatro horas, la política, el cambio climático, el hecho de que tu vecino sigue haciendo ruido en el piso de arriba, la falta de sueño, demasiada comida chatarra, esa cosa traumática que te sucedió el año pasado, el bajo saldo de tu cuenta bancaria... No es de extrañar que muchos de nosotros estemos completamente abrumados.

El investigador Kenneth Kendler y su equipo encontraron que tanto la depresión mayor como el trastorno de ansiedad generalizada estaban fuertemente vinculados a eventos traumáticos de la vida en el mes anterior, como duelo, divorcio, accidentes, crimen o incluso cosas como experimentar pobreza o racismo. Varios otros estudios (ya en Browne y Finkelhor, 1986) han descubierto que uno de los mayores predictores de trastornos mentales en la edad adulta fue experimentar trauma, abuso o negligencia en la niñez. En el 2000, Christine Heim y sus colegas sugirieron que el abuso sexual en la infancia tenía el efecto de «sensibilizar» a las mujeres al estrés en la edad adulta, lo que significa que su respuesta fisiológica al estrés en realidad era mayor en comparación con otras personas.

Cuando pensamos en factores ambientales, generalmente nos enfocamos en los principales eventos o partes de nuestras experiencias que contribuyen a pensar demasiado. Muchos de estos se han mencionado anteriormente, pero también hay otro sentido en el que los factores ambientales nos afectan. Estos son los entornos inmediatos en los que pasamos grandes cantidades de tiempo: nuestros hogares y oficinas/espacios de trabajo. La forma en que estos espacios están compuestos y orientados puede tener un gran impacto en la ansiedad que sentimos.

Si alguna vez escuchaste «¡limpia tu habitación!» como consejo para afrontar el estrés, se debe a esta misma razón. El desorden, ya sea en casa o en el trabajo, es generalmente una causa importante de ansiedad porque inconscientemente actúa como un reflejo de ti mismo. Cosas como la calidad de la iluminación, los olores y ruidos a los que estás expuesto, los colores de las paredes y las personas que ocupan estos espacios contigo pueden causar o reducir los niveles de ansiedad y estrés dependiendo de cómo se manejen. Es posible que te sorprendas de cuánto impacto tienen una buena iluminación, aromas agradables y paredes con colores calmantes en tus niveles de ansiedad.

Por lo tanto, no es solo el componente genético el responsable: los eventos de la vida y los factores ambientales estresantes pueden hacernos más vulnerables a experimentar ansiedad. Volviendo a nuestro ejemplo anterior, incluso si alguien tuviera genes de una piel oscura y resistente al sol, si se expone repetidamente al sol intenso, al final acabará quemándose.

Para llevar nuestra metáfora un poco más lejos, imagina de nuevo a la persona con piel clara y propensa a quemaduras. Es posible que haya sido maldecida con «genes de quemaduras solares», pero también pueden tomar decisiones conscientes sobre su comportamiento (es decir, ponerse protector SPF 50). De esta forma, puede optar deliberadamente por moderar los efectos del medio ambiente y encargarse de su vida. Esto nos lleva a otro tercer aspecto del desarrollo del estrés: nuestro propio comportamiento y actitudes.

## El ingrediente secreto: nuestros modelos mentales

El debate entre la naturaleza y la crianza se ha resuelto: no es ninguno de los dos, sino ambos. Si experimentamos ansiedad se reduce a la *relación* entre:

- Nuestras características y susceptibilidades genéticas y biológicas únicas, y

- los eventos, presiones y condiciones que encontramos en el entorno externo.

Pero todos podemos diferir en cuán dispuestos estamos a examinar esta relación, comprenderla y tomar control consciente de ella. Un determinante final y poderoso de si experimentamos ansiedad o no es nuestro estilo cognitivo único, nuestros marcos mentales y el comportamiento que estos nos inspiran. Al leer este libro, por ejemplo, te has comprometido con una influencia en tu vida que no es estrictamente natural o cultural.

En la interfaz entre la naturaleza y la crianza se encuentra la historia que contamos sobre nuestras vidas, la forma en que damos sentido a las cosas, nuestro diálogo interno y nuestro sentido de nuestra propia identidad. El viejo refrán dice: «No es la carga, sino cómo la llevas». El hecho de que sientas que un evento es estresante y abrumador depende de cómo interpretes y comprendas ese evento, así como de qué manera te comprometas activamente con él, es decir, qué decisiones tomas.

Dos personas pueden tener evaluaciones muy diferentes del mismo escenario; es la evaluación la que causa su experiencia, y no el escenario. Algunas evaluaciones de la vida simplemente conducen a resultados más estresantes. Si eres el tipo de persona que, por ejemplo, tiene un locus de control externo (es decir, no ve su vida realmente bajo su control, pero influenciada por la suerte, la aleatoriedad u otras personas), entonces puedes ver un cierta nueva situación como una amenaza más que como un desafío emocionante. Y una vez que te hayas dicho a ti mismo que es una amenaza, te comportarás como si lo fuera y te pondrás ansioso.

Tus percepciones, perspectivas, sentido de ti mismo, cosmovisión y modelos cognitivos se orientan hacia tu interpretación de eventos neutrales. Respondemos no al estrés, sino a nuestra percepción del estrés. En los capítulos que siguen, no encontrarás consejos sobre cómo cambiar tu genética (imposible) o cómo deshacerte del estrés en el entorno (un poco más posible, pero solo un poco). Más bien, nos centraremos en todas las cosas que tienes el poder de hacer en este momento para cambiar tu perspectiva y manejar mejor la ansiedad y el pensamiento excesivo.

Las personas que piensan demasiado a menudo tienen «razones» genéticas y del entorno para pensar demasiado, pero al final es su evaluación única la que reúne todo de una manera particularmente estresante. ¿Cuáles son tus creencias sobre tus fortalezas y habilidades innatas cuando se trata de resistir el estrés? ¿Cómo ves el mundo y los desafíos en él, y cuánto tienes que decir sobre cómo se desarrolla todo? ¿Cómo son tus hábitos diarios? ¿Tu autoestima está bien? ¿Qué hay de tus límites? Estas son todas las cosas que *podemos* cambiar.

En este libro veremos ejemplos prácticos y concretos de cómo incorporar cosas como la terapia cognitivo-conductual en tu propia vida. Con las técnicas adecuadas, podemos replantear nuestra perspectiva y cambiar nuestro comportamiento, evitando que pensemos demasiado y, en cambio, hagamos un buen uso de nuestro cerebro. Buscaremos formas de fortalecer tu sentido de control y empoderamiento, de generar esperanza y entusiasmo en lugar de miedo, de tomar el control del estrés y guiar tu vida, en lugar de sentir que te está guiando a ti.

Antes de sumergirnos en las técnicas, consideremos lo que está en juego si no actuamos de esta manera y tomamos nuestro bienestar en nuestras propias manos.

Consecuencias de pensar demasiado

¿Te acuerdas de James al principio del capítulo? Nos adentramos en su cerebro durante una o dos horas, pero imagina ser James las 24 horas del día, los 7 días de la semana, con un cerebro que aparentemente nunca se apaga. Quizás ya sepas cómo se siente esto. Sin embargo, la mayoría de la gente no cree que la preocupación y el pensamiento excesivo sean intrínsecamente dañinos; son solo pensamientos, ¿verdad?

Incorrecto: *la ansiedad es un fenómeno fisiológico, mental, psicológico, social e incluso espiritual.* No hay ningún aspecto de la vida en el que el pensar demasiado ansiosamente no impacte. Cuando percibes una amenaza, se estimula tu eje HPA (hipotálamo, pituitaria, glándulas suprarrenales). Tu cerebro desencadena una cascada de neurotransmisores y hormonas en el cuerpo, que luego tienen efectos físicos; esta es la respuesta clásica de lucha o huida para preparar al cuerpo para sobrevivir a la amenaza percibida.

**Los efectos físicos, tanto a corto como a largo plazo, incluyen:**

Corazón acelerado, dolor de cabeza, náuseas, tensión muscular, fatiga, boca seca, sensación de mareo, aumento de la frecuencia respiratoria, dolor muscular, temblores y espasmos, sudoración, digestión alterada, supresión del sistema inmunológico y problemas de memoria. Tu cuerpo fue diseñado para soportar breves momentos de estrés agudo, pero el estrés crónico (estrés continuo) puede comenzar a causar problemas de salud crónicos, como enfermedades cardiovasculares, insomnio, desregulación hormonal, etc. Si la experiencia física ordinaria del estrés se prolonga, los efectos físicos pueden tener consecuencias en el resto de tu vida...

**Los efectos mentales y psicológicos incluyen:**

Agotamiento y fatiga, nerviosismo, irritabilidad, incapacidad para concentrarse, falta de motivación, cambios en la libido y el apetito, pesadillas, depresión, sensación de descontrol, apatía, etc. El estrés puede reforzar los patrones de pensamiento negativo y el diálogo interno dañino, disminuir nuestra confianza y matar nuestra motivación.

**Los efectos sociales y ambientales más amplios incluyen:**

Daño a las relaciones cercanas, bajo rendimiento en el trabajo, impaciencia e irritabilidad con los demás, retraimiento social y participación en conductas adictivas o dañinas. Una persona que está constantemente estresada y ansiosa comienza a perder todo sentido y alegría en la vida, deja de hacer planes, no puede actuar con caridad o compasión hacia los demás y pierde su pasión por la vida.

Como puedes imaginar, los aspectos físicos, mentales y ambientales interactúan para crear una experiencia unificada de pensamiento excesivo y ansiedad. Por ejemplo, si piensas demasiado constantemente, tu cuerpo se inundará de cortisol y otras hormonas del estrés. Esto puede dejarte al límite y, de hecho, hacer que pienses demasiado aún más, lo que aumenta el estrés y cambia la forma en que te sientes acerca de ti mismo y de tu vida. Luego, podrías tomar malas decisiones (quedarte despierto hasta tarde, comer mal, excluir a la gente) que refuerzan el ciclo de estrés en el que te encuentras. Puedes tener un peor desempeño en el trabajo, procrastinar e inevitablemente tener más de qué preocuparte, etc.

**El estrés y la presión ambientales son neutrales; no son un problema hasta que los pasamos por nuestros modelos mentales y decidimos que lo son.** Cuando cavilamos y pensamos demasiado, podemos convertir el estrés de la vida cotidiana en algo abrumador y negativo. Cuando pensamos demasiado, nos atascamos en espirales de ansiedad, lo que refuerza un mal hábito que tiene efectos devastadores en cada área de nuestra vida, mente, cuerpo y alma.

Todos tenemos diferentes predisposiciones y grados de resiliencia. Todos tenemos una exposición diferente al estrés en el medio ambiente. Pero el área sobre la que tenemos más control es cómo evaluamos nuestras experiencias y avanzamos. Pensar demasiado no es un estado natural y no es necesario. Es un comportamiento destructivo que podemos optar activamente por detener, si queremos. El estrés es un hecho de la vida, ¡pero pensar demasiado es opcional! Con la práctica, cualquiera puede volver a entrenar su cerebro para trabajar de su lado, para ver las cosas de manera diferente y para resistir la corrosión de la ansiedad y el estrés constantes.

Aportes

- ¿Qué es exactamente pensar demasiado? Pensar demasiado es cuando analizas, evalúas, rumias y te preocupas excesivamente por ciertas cosas hasta un punto en el que comienzan a afectar tu salud mental porque simplemente no puedes parar.
- Hay dos fuentes principales de ansiedad que conducen a pensar demasiado. La primera somos nosotros mismos. Desafortunadamente, algunos de nosotros estamos genéticamente predispuestos a estar más ansiosos que otros. Sin embargo, es posible que la genética no sea el único factor. Podríamos convertirnos en pensadores habituales porque nos hace sentir que de alguna manera estamos abordando el problema en el que estamos pensando demasiado. Debido a que el pensamiento

excesivo nunca termina, esto no sucede, pero todavía sentimos que estamos progresando. Esto se convierte en un círculo vicioso del que puede ser difícil escapar.

- Otra causa de ansiedad es nuestro entorno. Aquí hay dos aspectos a tener en cuenta. Primero, debemos considerar nuestros entornos inmediatos donde pasamos la mayor parte del tiempo, como nuestro hogar y nuestra oficina. La forma en que se han diseñado estos espacios puede tener un gran impacto en nuestros niveles de ansiedad. Si están abarrotados, con poca luz y son ruidosos, nos pondremos más ansiosos. El segundo aspecto es la experiencia más amplia que tenemos en nuestro entorno sociocultural a través de nuestras interacciones con el mundo. Algo como experimentar racismo o sexismo puede estresarnos y provocar una mayor ansiedad.

- Hay muchas consecuencias negativas por pensar demasiado. Estas incluyen daños físicos, mentales e incluso sociales que pueden convertirse en problemas a largo plazo. Algunos ejemplos son aceleración del ritmo cardíaco, mareos, sensación de fatiga, irritabilidad, nerviosismo, dolores de cabeza, tensión muscular, etc.

## Capítulo 2 La fórmula para eliminar el estrés y luego algunas

Nuestro principal objetivo para eliminar el estrés es identificar exactamente lo que sucede en nuestra cabeza cuando pensamos demasiado. Se trata de identificar los factores desencadenantes que nos activan, así como los efectos de ese pensamiento excesivo una vez que comienza. Cuando vemos el proceso con claridad, podemos comenzar a tomar medidas informadas. ¿El punto de partida necesario? La conciencia.

En este capítulo comenzaremos con los conceptos básicos para superar el pensamiento excesivo y manejar tus niveles de estrés, pero en cada caso, lo más importante es que mantengamos una *conciencia* de nosotros mismos. Sin embargo, la conciencia no es rumiar: cuando estamos conscientes, simplemente dirigimos nuestra atención tanto a nuestra experiencia interna como externa, sin juzgar y sin aferrarnos ni resistirnos. Podemos cultivar esta conciencia en nosotros mismos «controlando» regularmente nuestras sensaciones corporales, pensamientos y sentimientos, asegurándonos de que nuestro estilo de vida nos está apoyando en la forma en que lo necesitamos e incluyendo alguna forma de atención plena en la vida cotidiana.

Se acaba un día largo y estás agotado. Llegaste tarde a la reunión de la mañana y tuviste una discusión con un compañero. Te dieron demasiado trabajo otra vez. Los constructores de afuera han estado haciendo ruido *todo el día* y volviéndote loco. Tu lista de cosas por hacer es larguísima y estás a punto de llegar a tu límite, cuando tu novio te envía un mensaje críptico diciendo «tenemos que hablar».

Cuando el estrés se acumula de esta manera, puede sentirse completamente abrumador. Es como jugar un juego ultrarrápido de Tetris, donde no puedes pensar con claridad porque siempre hay otro desafío, otra crisis que exige tu atención. Aunque a menudo puede parecer que no hay nada que puedas hacer con respecto al estrés (¡ese pensamiento ya es estresante!), siempre hay formas de detenerse, respirar y darse cuenta de lo que está sucediendo.

## Los 4 principios de la gestión del estrés

Esta técnica puede ser como un bote salvavidas en medio de una tormenta de estrés y pensamiento excesivo. Todo lo que debes recordar son cuatro técnicas: **evitar, alterar, aceptar y adaptar.** Puede ser un consuelo en sí mismo saber que, en realidad, solo existen estas cuatro formas posibles de responder a cualquier estrés de la vida.

Lo primero que puedes hacer es **evitarlo**.

Suena sospechosamente simple, pero hay muchas molestias en la vida de las que simplemente puedes alejarte. No podemos controlarlo todo en la vida, pero podemos arreglar nuestras circunstancias para no tener que estar en un entorno estresante o con personas estresantes. Si somos honestos, podríamos ver que gran parte del estrés en nuestras vidas es voluntario, ¡y no tenemos que estar de acuerdo!

Piensa en lo que lo te está estresando en tu entorno y cómo puedes tomar el control para moderarlo o eliminarlo por completo. Piensa en alguien que odia lo llenas que están las tiendas de comestibles los sábados por la mañana. Sabiendo que esto lo estresa, puede reorganizar su horario para hacer sus compras semanales en el momento más tranquilo, digamos, un martes por la noche. No hay necesidad de manejar el estrés de un supermercado concurrido si lo evitas por completo.

Puedes evitar a las personas estresantes exactamente de la misma manera. ¿Te parece que tu estrés se dispara cuando tus padres vienen a pasar las vacaciones? Encuentra la manera de que se queden en un hotelito cercano, o evita planificar actividades en las que estén solos en el mismo sitio durante horas sin nada que hacer más que estresarse mutuamente.

Cuando evitas el estrés, no estás escapando de las obligaciones ni negando problemas genuinos. Simplemente estás aprendiendo a decir «no» al estrés que es innecesario y dañino. Siempre podemos decir no a situaciones y personas que exigen demasiado de nosotros y nuestros recursos. Esos recursos pueden ser energía mental y atención, pero también pueden ser tiempo. Si algo en tu vida está devorando todo tu tiempo, *puedes* decir que no.

Mira tu lista de tareas pendientes y elimina los dos o tres elementos que no son urgentes y no son tu prioridad. Delega tareas o deja que otra persona asuma una responsabilidad. ¡No tienes que hacerlo todo! Entonces, la próxima vez que te enfrentes a una perspectiva estresante, pregúntate: «¿Puedo simplemente evitar todo esto?». Sí, puedes hacerlo.

Si no puedes, es posible que debas encontrar formas de cambiar la situación, por ejemplo, **alterarla**.

Siempre tienes la opción de pedirle a los demás que cambien su comportamiento. Por ejemplo, si los constructores están haciendo un escándalo afuera, pídeles cortésmente que hagan una pausa de diez minutos mientras para que tú puedas hacer una llamada telefónica importante. Comunica tus necesidades y sentimientos directamente, en lugar de sufrir en silencio. Si nunca le dices claramente a tu amigo que sus bromas estúpidas realmente te hacen daño, puedes sentarte en silencio y soportar la peor parte para siempre, cuando hubiera sido fácil decirle cómo te sientes y pedirle que pare.

No podemos evitar todas las tensiones de la vida, pero a menudo tenemos voz y voto en cómo se desarrollan estos eventos. Habla con la gente, negocia y usa declaraciones en forma de «yo» para compartir tus necesidades y pedir lo que quieres. Si no puedes evitar ir al supermercado el sábado por la mañana, reproduce tu audiolibro en tu teléfono y escúchalo mientras compras, si te relaja. Si no puedes evitar esa reunión de padres, intenta aprovecharla para hacer otros recados, de modo que ahorres tiempo, esfuerzo y potencialmente gasolina para tu automóvil. También puedes hacer mucho para alterar situaciones inevitables reduciéndolas a un tamaño más gestionable. Si no puedes evitar ir a esa fiesta aburrida, asiste, pero sé sincero al principio y di: «Desafortunadamente, tengo que irme en una hora. ¡Mi día empezará muy temprano mañana!».

Si no puedes evitar un factor de estrés, pregunta qué puedes hacer para cambiarlo.

Si tu respuesta es «no mucho», es posible que debas dar un paso más y **aceptarlo**.

¿Cómo aceptas una situación que no te gusta? En primer lugar, si no te gusta, entonces no te gusta. Aceptación no significa fingir que no sientes lo que sientes; es un reconocimiento de que *está bie*n sentirse así. Valida tus propias emociones y hazte dueño de ellas. Por ejemplo, tu novio acaba de romper contigo por mensaje de texto y no hay mucho que puedas hacer con respecto a su decisión. Pero puedes trabajar para aceptar la situación llamando a un amigo para compartir tus sentimientos.

Si la situación es una en la que has sido perjudicado, la aceptación puede ser tratar de encontrar una manera de perdonar. Recuerda que el perdón es algo que haces por ti mismo y no por la otra persona. Cuando perdonas, te liberas del estrés y la energía de resentir y culpar a la otra persona.

La aceptación también puede referirse a los cambios sutiles en la forma en que enmarcamos los eventos. No podemos cambiar los eventos en sí mismos, pero podemos observar cómo hablamos de ellos internamente y el lenguaje que usamos. Por ejemplo, en lugar de decir: «Suspendí completamente mi curso y desperdicié mi dinero. Soy un idiota por no esforzarme más», se podría decir, «cometí un error y no estoy feliz por ello. Pero este evento no me define. Puedo aprender de los errores y seguir adelante. Puedo hacerlo mejor la próxima vez».

La aceptación no significa que estemos de acuerdo con lo que sucedió o que nos guste y no deberíamos intentar cambiarlo. Solo significa que aceptamos con gracia lo que no podemos cambiar de manera realista, para que podamos concentrarnos en lo que podemos.

A largo plazo, hacemos nuestro mejor esfuerzo frente al estrés si podemos **adaptarnos**. Adaptarse significa hacer cambios más duraderos en nuestra visión del mundo, nuestras metas, nuestra percepción y expectativas. Imagínate a alguien que es un perfeccionista y que siempre está estresado porque nunca parece cumplir con sus altos estándares. Lo mejor no es que esa persona encuentre una manera de ser Superman, sino que reduzca sus expectativas para que sea más razonable y esté alineado con la realidad.

Adaptarse al estrés significa que nos cambiamos a *nosotros* mismos para afrontar mejor la vida. Puedes simplemente negarte a participar en pensamientos deprimentes y practicar deliberadamente ser una persona más optimista. Cuando modificamos nuestra perspectiva, podemos ver las cosas de manera diferente. ¿Es esto una «crisis» o un «desafío»? ¿Cómo se ve este obstáculo cuando nos decimos a nosotros mismos, «Soy una persona resistente» en comparación con cuando nos decimos a nosotros mismos, «La vida no es justa, esto terminará mal como todo»?

Cuando nos adaptamos al estrés, encontramos formas de hacernos más fuertes. Construimos una cosmovisión para nosotros mismos que nos empodera. Por ejemplo, alguien puede adquirir el hábito de hacer una «lista de gratitud» todos los días de todas las cosas maravillosas con las que ha sido bendecido en la vida. Otra persona podría meditar en su propio «código» personal o decir un mantra a diario para recordarle que es fuerte y que puede superar la adversidad. Si tenemos un arsenal de actitudes, ideas, filosofías e inspiración poderosas, podemos afrontarnos al mundo sabiendo que podemos manejar el estrés, ¡y tal vez incluso ser mejores personas por ello!

Entonces, esos son los cuatro principios de la gestión del estrés. Cuando te sientas ansioso, haz una pausa y repasa cada uno de ellos en secuencia. No importa cuán estresante sea la situación, hay una manera de que puedas involucrarte con ella de manera consciente y proactiva. No estás indefenso ante el estrés: ¡tienes herramientas a tu disposición! Para utilizar estas herramientas, todo lo que se necesita es un poco de conciencia.

Por ejemplo, puede haber un colega en el trabajo que te estresa todos los días. En lugar de sentirte abrumado diciéndote a ti mismo que no hay nada que puedas hacer al respecto, haz una pausa y pregunta si puedes simplemente *evitar* a este colega. Tal vez puedas almorzar a otra hora para evitar encontrarte con él en la cafetería, o tal vez puedas moverte físicamente para trabajar más lejos de él. Pero digamos que no puedes evitar encontrártelo en las reuniones semanales, y aquí es donde con frecuencia te interrumpe o roba tus ideas.

Piensas en formas de *alterar* la situación. ¿Puedes salir de estas reuniones? ¿Puedes hablar con tu colega en privado y compartirle tus inquietudes («Últimamente me siento incómodo en las reuniones y me siento rechazado cuando me interrumpes»)? ¿Puedes hablar en las reuniones y establecer un límite más fuerte cuando hablas? Si nada de esto es realmente posible, aún puedes *aceptar* la situación hasta cierto punto. Puedes confiarle a un amigo cercano tus frustraciones o darte cuenta de que este colega en realidad interrumpe a todos, por lo que no continuarás tomándolo como algo personal ni dejarás que te estrese.

Finalmente, puedes adaptarte trabajando para convertirte en una persona más segura y asertiva en general. Cuando realmente sientas que tienes tanto derecho a hablar como cualquier otra persona, entonces puedes sentirte más seguro diciendo: «Lo siento, todavía estoy hablando» y continuar con calma.

## Diarios y agendas de estrés

Otra forma concreta de generar más conciencia sobre tu experiencia diaria de estrés es escribirlo todo. Al pensar demasiado, a veces puede parecer que hay un millón de cosas en tu cabeza a la vez, y es difícil decidir cuál es la única causa detrás de tu ansiedad. Un diario de estrés puede ayudarte a identificar tus factores desencadenantes y tu reacción a ellos. A partir de ahí, puedes comenzar a tomar medidas activas para controlar tus niveles de estrés.

Un diario de estrés es simplemente un registro escrito de tu nivel de estrés y la información que lo acompaña, que puedes analizar más adelante y utilizarlo para tomar medidas para controlar el estrés. Todos necesitamos algo de estrés en la vida, por lo que este diario puede ayudarnos a identificar nuestro rango óptimo.

La idea es simple: para cada entrada, registra la hora y la fecha, y cómo te sientes en este momento. Una forma común de hacer esto es en una escala de calificación (por ejemplo, 1 para nada estresado y 10 para súper estresado), pero también puedes usar palabras de sentimientos o notar síntomas físicos (como palmas sudorosas). También ten en cuenta cuán efectivo y productivo te sientes, usando también una escala. Luego, observa cualquier evento estresante que haya sucedido recientemente, así como cualquier idea sobre lo que crees que podrían ser las causas de tu estado actual. Finalmente, observa cómo respondiste al evento y cuál fue el resultado general. Por ejemplo:

*4 de febrero, 9:15*

*Recibí un mensaje preocupante acerca de que papá necesitaba cirugía en el hombro. Me siento alrededor de 4/10, algo aprensivo y un poco cansado. Sensación de un nudo extraño en el estómago. Dificultad para concentrarme en el trabajo: solo trabajo con una eficacia de aproximadamente 1/10. Creo que me siento así porque me preocupa que le pase algo malo. Estoy evitando responder al mensaje, pero creo que esto está empeorando la ansiedad.*

Haz una entrada cada vez que sientas que tu estado de ánimo cambia o cuando estés notablemente estresado. Mantén un diario de estrés durante unos días o una semana, luego siéntate para analizarlo y encontrar un patrón:

1. ¿Cuáles son las causas más frecuentes de estrés, es decir, lo que suele ocurrir antes de un aumento repentino del estrés o una caída del estado de ánimo?
2. ¿Cómo suelen afectar estos eventos a tu productividad?
3. ¿Cómo respondes normalmente a estos eventos, emocional y conductualmente, y está funcionando tu método?
4. ¿Puedes identificar un nivel de estrés que sea cómodo y beneficioso para tu productividad?

Cuando analizas tu diario de estrés de esta manera, estás trabajando con datos reales que pueden ayudarte a realizar cambios significativos. Es posible que incluso te sorprendas de algunos hallazgos; solo al escribir las cosas en el momento, verás que surgen patrones claros. No es necesario que lleves un diario de estrés para siempre. De hecho, después de usarlo unas semanas, el proceso puede volverse automático y puedes desarrollar una conciencia más espontánea en el momento, mientras va ocurriendo el estrés.

Una vez que tengas una idea de las causas reales del estrés en tu vida, puedes usar algo como la técnica de los 4 principios de gestión del estrés para actuar, o bien reorganizar tu estilo de vida o tu horario para moderar el estrés. Si notas que todo tu estrés proviene de una sola persona, puedes establecer algunos límites en torno a tu relación. Si notas que tu respuesta normal de enfadarte tiende a hacer que las cosas sean más difíciles de manejar, puedes comenzar a trabajar en tu enfado. Si tu trabajo es una fuente continua de preocupación, puedes evaluar qué tan malo es y tomar medidas tanto a corto plazo (tomarte unas vacaciones) como a largo plazo (considerar trabajar en otro lugar).

El formato descrito anteriormente no es la única forma en que escribir las cosas puede ayudar. Puedes llevar un diario más tradicional y explorar tus sentimientos de manera más general, ya sea ocasionalmente o todos los días. Escribir las cosas puede aliviar el estrés por sí solo, pero también puede ayudarte a ordenar tus pensamientos, resolver problemas, encontrar ideas y procesar cualquier problema por el que estés pasando. ¡Es como si tu diario fuera un terapeuta informal!

Utiliza un diario o una agenda según lo que prefieras y lo que funcione en tu situación. Si estás luchando contra el mal humor y encuentras que tu ansiedad es general y parece afectar todo, podrías encontrar útil un diario de gratitud. Simplemente enumera cinco cosas diarias por las que estás agradecido, incluso si no es nada más emocionante que tu taza de café por la mañana o el hecho de que tienes un par de calcetines nuevos y cómodos. Esto puede cambiar sutilmente tu enfoque hacia tus recursos y posibilidades, y replantear tu experiencia.

Si estás procesando algún evento traumático de la vida o estás pasando por un momento muy difícil, es posible que desees escribir un diario simplemente como una liberación emocional. «Tira» todos tus sentimientos en un papel y resuélvelos. Una vez escrito en el papel, es posible que empieces a adquirir un poco de autoconocimiento de forma natural o que veas algunas pistas para avanzar.

Si el estrés en tu vida es más continuo, es posible que desees probar el diario con un sistema por puntos, en el que tomes notas breves para hacer un seguimiento de las metas, las prioridades y los recuerdos diarios. Resumir las cosas puede ayudarte a mantenerte organizado y agregar estructura a tu vida. A algunas personas les gusta aportar un elemento artístico al diario por puntos y usan colores e imágenes para expresarse e inspirarse, fomentando sentimientos positivos. Otros utilizan diarios prefabricados con indicaciones impresas en su interior.

Sin embargo, los diarios y agendas no son para todos. Olvídate de ellos si solo parecen empeorar tu perfeccionismo, o si te encuentra angustiado por la técnica correcta. El diario es solo una herramienta para acercarte a tus emociones; si te concentras más en el diario que en tus emociones, es posible que debas probar una técnica diferente. Intenta terminar cada sesión del diario con algo positivo y fundamentado: recita un mantra, imagina algo positivo o considera algunas posibilidades y soluciones en el futuro. Si no te aseguras de volver a un espacio mental positivo, es posible que el diario empiece a parecer que solo fomenta más la infelicidad y el pensamiento excesivo.

## La técnica para poner los pies sobre la tierra 5-4-3-2-1

Los diarios de estrés y la técnica de los 4 principios de la gestión del estrés se pueden utilizar con gran efecto cuando se combinan, especialmente si se hacen con regularidad. Pero a veces, necesitas una técnica que te brinde un alivio *inmediato* a una situación estresante. Las personas que experimentan ataques de pánico suelen utilizar la siguiente técnica; es una forma de detener la «espiral de ansiedad» antes de que se te escape. Sin embargo, no es necesario que tengas un trastorno de pánico para beneficiarte.

La idea es simple: cuando pensamos demasiado y rumiamos y nos estresamos, estamos *fuera del momento.* Damos vueltas a pensamientos del pasado o consideramos posibilidades en el futuro. Pensamos en «qué pasaría si» y nos quedamos sin palabras en recuerdos, ideas, probabilidades, deseos y miedos. Si podemos *devolver al presente nuestra* percepción consciente, podemos detener parte de este pensamiento excesivo. Y podemos hacer esto comprobando los cinco sentidos. Para decirlo de otra manera, el cerebro puede llevarte a todos lados, pero el cuerpo, y tus sentidos, están siempre un solo lugar: el presente.

En momentos de pánico, podemos quedarnos realmente atrapados en ideas y pensamientos, aunque en realidad estamos perfectamente sanos y salvos, y no hay nada en nuestra situación inmediata que nos amenace. Sin embargo, con pánico, podemos estar sentados en perfecta paz en un jardín soleado en algún lugar y, sin embargo, sentir que vamos a morir. ¡Así es el poder de la mente!

La próxima vez que sientas ansiedad y pánico descontrolados, intenta esto: detente, respira y mira a tu alrededor.

- Primero, busca cinco cosas en tu entorno que puedas ver. Puede que descanses la vista en la lámpara del rincón, en tus propias manos, en un cuadro de la pared. Tómate un momento para mirar realmente todas estas cosas; sus texturas, colores, formas. Tómate tu tiempo para recorrer con la vista cada centímetro y asimilarlo todo.

- A continuación, intenta encontrar cuatro cosas en tu entorno que puedas sentir o tocar. Siente el peso de tu cuerpo contra la silla, o la textura de la chaqueta que estás usando, o extiende la mano para sentir lo frío y suave que se siente el vidrio de la ventana del automóvil contra tus dedos.

- A continuación, busca tres cosas que puedas escuchar. Tu propio aliento. El sonido distante del tráfico o de los pájaros.

- A continuación, busca dos cosas que puedas oler. Esto puede ser complicado al principio, pero observa que todo huele, si prestas atención. ¿Puedes oler el jabón en tu piel o el ligero olor a tierra del papel en tu escritorio?

- Finalmente, encuentra algo que puedas probar. Quizás el persistente sabor del café en tu lengua. Incluso si no puedes encontrar nada, solo detente un momento en lo que están sintiendo tus papilas gustativas. ¿Están realmente «apagadas» o tu boca casi tiene un sabor propio cuando te detienes para darte cuenta de ello? Quédate allí por un momento y explora esa sensación.

El objetivo de este ejercicio es, en apariencia, la distracción. Mientras tus sentidos están activos, tu cerebro está involucrado en algo más que una rumia sin fin, y tu pensamiento excesivo se detiene. Te pones manos a la obra y detienes los pensamientos desbocados. Practica esta técnica con la suficiente frecuencia y podrás notar que instantáneamente te calma y te tranquiliza.

En el momento, es posible que no recuerdes qué sentido viene a continuación, pero esto no es importante. Lo que importa es que estés prestando toda tu atención y concentración en algo que está fuera de ti mismo y dejando que la energía ansiosa se disipe. Es difícil detener un pensamiento diciendo «Creo que debería dejar de pensar» porque, obviamente, esto en sí mismo es un pensamiento. Pero si puedes poner tu cerebro en pausa y volver a activar tus sentidos por un momento, te desvías de la preocupación y te das un momento para estar presente y calmado.

**Terapia narrativa y externalización**

Una última técnica que consideraremos proviene del mundo de la terapia narrativa, que explora la forma en que nuestras vidas a menudo se interpretan como historias o narrativas. Las personas son máquinas de crear significado, y nosotros lo hacemos contando historias sobre quiénes somos y qué significan los eventos de nuestras vidas. Con la terapia narrativa, esencialmente podemos reescribir estas historias, para encontrar la curación y, bueno, ¡un final feliz!

Ya hemos hablado de que una gran parte de la superación de la ansiedad es mirar nuestros modelos mentales y tomar decisiones conscientemente sobre cómo queremos llevar nuestras vidas. Cuando somos los narradores de nuestras propias historias, nos hacemos cargo, replanteamos y nos empoderamos para crear nuevos significados. El gran principio detrás de la terapia narrativa es que las personas están separadas de sus problemas y, de hecho, esta idea sustenta una técnica popular llamada «externalización».

Cuando exteriorizamos, *exponemos* el problema. No estamos mal o equivocados por tener problemas, y no nos juzgamos ni nos culpamos por tenerlos. Sin embargo, tenemos el poder de cambiar la forma en que hablamos de nosotros mismos y de nuestras vidas, y podemos hacer cambios significativos. Entonces, cuando se trata de pensar demasiado, un gran paso es decir: «Pensar demasiado es un problema, y voy a encontrar alternativas» en lugar de decir: «Soy un pensador excesivo y eso es malo, tengo que encontrar una manera de arreglarme». Otro gran paso es darse cuenta de que realmente tienes el control y eres el *autor* de tu propia experiencia; otras personas no tienen la culpa de nuestra percepción, y tampoco pueden salvarnos ni enseñarnos; somos los expertos de nuestra propia experiencia.

Nuestros modelos mentales son un poco como patrones, filtros o motivos repetidos. Si tu vida fuera una película, ¿de qué género sería? ¿Qué papel tendrías siempre y cómo se desarrollaría la historia? Cuando podemos ver que nuestras interpretaciones y marcos influyen en nuestra experiencia, tenemos el poder de cambiarlos por nosotros mismos. Por ejemplo, quienes piensan demasiado tienden a sentirse impotentes, pero ¿qué pasaría si cambiaran la historia y se vieran a sí mismos como responsables y capaces?

Volvamos a la externalización. No eres tus problemas. No eres tus fracasos. Si puedes poner distancia entre tú y los desafíos de tu vida, ganas perspectiva y desenredas tu sentido de identidad y autoestima del momento temporal que estás experimentando. Así como una nube no es el cielo, nuestros problemas no son quiénes somos; pasarán y tenemos control sobre cómo respondemos a ellos.

Si te sientes abrumado, puede ser útil repetir el mantra: «Yo no soy mis problemas». También cambia tu idioma. En lugar de «Soy una persona ansiosa», di «Estoy experimentando ansiedad en este momento» o incluso «Estoy notando algo de ansiedad». Podemos poner distancia entre nosotros y nuestros problemas de muchas maneras:

- Utiliza las técnicas de llevar una agenda o un diario de estrés mencionadas anteriormente. Quítate la ansiedad de la cabeza y plásmala en un papel. Quema el papel o rómpelo y tíralo. Físicamente, observa que el problema está separado de ti y, desde la distancia, puedes tomar medidas para cambiarlo.

- Utiliza la visualización e imágenes. Visualiza todo el pensamiento excesivo como aire dentro de ti que soplas en un globo gigante, y luego imagina el globo flotando hacia arriba y lejos de ti, haciéndose cada vez más pequeño. Disfruta realmente la sensación de que no tienes que *identificarte* completamente con tus preocupaciones; puedes dejarlos a veces y puedes alejarte para obtener una perspectiva. Imagina que el globo desaparece de la vista, junto con tus preocupaciones. Otra técnica es imaginarte guardando tus preocupaciones en una caja fuerte cerrada antes de irte a la cama. Dite a ti mismo: «Siempre puedo abrir la caja fuerte y venir a buscarlas más tarde, si quiero, pero por ahora, estoy durmiendo».

- Si lo deseas, usa la creatividad para exteriorizar: escribe, dibuja, pinta o incluso canta y baila tus problemas, y conviértelos en realidad fuera de tu cuerpo. Algunas personas le dan un nombre a su voz interior crítica o demasiado paranoica, para que puedan decir: «Oh, sí, este no soy *yo*, eso es simplemente el aburrido Fred otra vez, pensando demasiado como de costumbre. ¡Hola Fred!»

Otra técnica utilizada en la terapia narrativa es la deconstrucción. Cuando piensas demasiado, la sensación suele ser abrumadora: hay un millón de cosas que pasan por tu cabeza, todas a mil kilómetros por hora, y ni siquiera sabes por dónde empezar. Sin embargo, lo mejor de una historia es que es secuencial. Es un paso tras otro. Si nos sentimos perdidos en la rumia, podemos usar la historia para ayudarnos a desglosar (o deconstruir) un problema grande y aterrador en problemas más pequeños y fáciles.

Una historia es una forma de organizarse, de ralentizar las cosas y de recordarte que tienes el control cuando se trata de dónde y cómo colocas tu atención. No puedes mirarlo *todo* al mismo tiempo. Tratar de hacerlo a menudo te hace sentir impotente y pequeño frente a pensamientos abrumadores. Pero, como en cualquier buena historia, no es necesario resolver todo de inmediato ni resolver todos los problemas de una sola vez. Algunas formas de llevar la deconstrucción a tu propia vida:

- Si las cosas se sienten desastrosas, detente y oblígate a concentrarte en la *única cosa* que es más importante en este momento. Si estás dando muchas vueltas a la cabeza con las cosas que pueden suceder mañana o el próximo año o cuando sea, déjalas a un lado y observa lo que importa solo hoy, o quizás solo lo que importa en este mismo momento. Pregúntate, ¿cuál es el siguiente paso que puedes dar? No te preocupes por los próximos veinte pasos, simplemente da el siguiente paso que necesites y podrás continuar desde allí.

- Si te encuentras volviendo a recuerdos angustiosos del pasado, tómate un momento para diseñar deliberadamente tu historia, tal vez incluso escribiéndola o colocándola en un gráfico. Divide los eventos en episodios y busca temas, patrones y un hilo que los vincule a todos. Mira cómo el momento presente se relaciona con el pasado, luego pregúntate qué puedes hacer para hacerte cargo de tu propia narrativa. Por ejemplo, si te avergüenzas de los errores que cometiste en el pasado, podrías construir una historia en la que no solo eras un idiota que hizo algo mal, sino que eras joven y aprendías, y en tu desarrollo, estás continuamente mejorando. Puedes ver que tu vergüenza ahora es una prueba de que eres una persona más madura. Puedes ver el panorama *completo*, uno de crecimiento y progreso. ¿No se siente eso mejor que simplemente darle vueltas a un comentario humillante que hiciste una vez en quinto grado?

- La ansiedad y el pensamiento excesivo tienen una forma de «fracturar» nuestra atención y crear caos y confusión. Sin embargo, cuando deconstruimos todos estos pensamientos, vemos que muchos de ellos son solo ruido y no necesariamente tenemos que entretenerlos. Tal vez estás principalmente preocupado por tu salud, y esa única preocupación deriva en un millón de pensamientos de perder tu trabajo, de morir, facturas médicas costosas, etc. y distinguir los pensamientos que descarrilan y distraen de aquellos en los que realmente puedes hacer cambios significativos.

Aportes

- Ahora que hemos identificado qué es pensar demasiado, necesitamos saber cómo combatirlo. Hay muchas cosas que puedes hacer para eliminar el estrés y calmar una mente ansiosa y que piensa demasiado que son simples pero efectivas.

- Lo primero que debes recordar es un mantra llamado los 4 principios de la gestión del estrés. Estos son evitar, alterar, aceptar y adaptar. Evitar cosas implica simplemente alejarse de las cosas que no puedes controlar. Algunas cosas simplemente no valen la pena y es mejor eliminarlas de nuestro entorno por completo. Sin embargo, si no podemos evitarlo, debemos aprender a alterar nuestro entorno para eliminar el factor estresante. Si no podemos alterar nuestro entorno, no tenemos más remedio que aceptarlo. Por último, si no podemos hacer mucho acerca de la situación, debemos adaptarnos a ella y aprender a lidiar con nuestro factor estresante y reducir su potencial dañino al mínimo.

- Otra técnica popular es llevar un diario. Cuando pensamos demasiado, tenemos toneladas de pensamientos diferentes arremolinándose en nuestra mente, lo que puede resultar abrumador. Sin embargo, cuando los escribimos de manera sistemática, podemos analizarlos y evaluar si estos pensamientos se merecen en absoluto. Para desarrollar el hábito, puedes llevar un diario de bolsillo y escribir cuando lo creas necesario.

- Una tercera técnica que tenemos se llama técnica 5-4-3-2-1. Esto es muy eficaz para detener los ataques de pánico, y lo logra al involucrar los cinco sentidos. Entonces, cada vez que sientas que el pánico te supera, busca cinco cosas a tu alrededor que puedas ver, cuatro cosas que puedas tocar, tres que puedas oler, dos que puedas oír y una que puedas saborear. Involucrar tus sentidos distrae a tu cerebro del pensamiento excesivo.

## Capítulo 3 Administra tu tiempo y tus insumos

Susie tiene mucho que hacer hoy. Ella mira su horario y se pregunta con algo de pánico cómo va a encajarlo todo. Su colega de trabajo, al verla sobrecargada y hundida en pensamientos ansiosos, interviene con una sugerencia: ¿por qué no hacer una pequeña meditación en la pausa del almuerzo? Se ha demostrado que la meditación reduce los niveles de estrés, ¿verdad? Pero a los cinco minutos de meditación, Susie grita por dentro y se da cuenta de que ahora tiene menos tiempo que antes y no puede concentrarse porque solo puede pensar en la cita que tiene a las 2:30...

Las técnicas clásicas de relajación que muchas personas sugieren no son de ayuda si la causa de nuestro estrés es en realidad una mala gestión del tiempo. Susie se beneficiaría de solo dos cosas: una forma mágica de agregar más horas al día o un horario que administre mejor su tiempo. Si bien la meditación, el estiramiento, etc. pueden ayudarnos a lidiar con el estrés inevitable que tenemos encima, también podemos minimizar el estrés al que estamos expuestos en primer lugar al administrar mejor nuestro tiempo. Este capítulo trata sobre técnicas inteligentes y probadas para tomar el control de esta manera.

## Gestión del estrés101

Para muchos de nosotros, una buena gestión del estrés es una buena gestión del tiempo. Si te sientes ansioso por los plazos, te sientes apresurado, demasiado ocupado o abrumado, entonces puedes derivar más de las estrategias de administración del tiempo que de las técnicas dirigidas directamente a la relajación. La administración del tiempo, a su vez, a menudo se reduce a una habilidad fundamental: identificar tus prioridades y usarlas para guiar tu establecimiento de metas. Como de costumbre, todo se reduce a la mentalidad.

Es extraño, cuando lo piensas, cuántos de nosotros *priorizamos* el estrés en nuestras vidas. Dedicamos todo nuestro tiempo disponible a actividades que empeoran nuestro estado de ánimo y nos dejan sintiéndonos ansiosos o agotados. ¿Cuándo fue la última vez que priorizaste deliberadamente el descanso y la relajación? Si eres como la gran mayoría de la gente, siempre pones el trabajo duro primero y das las migajas de tu tiempo y energía a todo lo demás.

Un cambio de mentalidad es ver el descanso y la relajación como algo importante y digno de tu atención, y no solo algo que agregues al final del día una vez que se hayan hecho más cosas importantes. Una forma de hacer esto es programar el tiempo para actividades divertidas y agradables, o simplemente el momento en el que no estés haciendo nada en absoluto. Una actitud positiva es uno de tus recursos más valiosos en la vida. ¿Por qué no cuidarlo y nutrir estos buenos sentimientos de manera proactiva?

Puedes comenzar el día con algo agradable, en lugar de sumergirte en las tareas domésticas y estresantes. Adquiere el hábito de tomar un descanso de diez minutos cada hora para tomar una buena taza de té de hierbas, hacer estiramientos o caminar un poco. Ten algo que esperar todos los días y fomenta las conexiones con las personas que te importan y que hacen de tu vida un lugar más brillante. Tómate un tiempo para reír un poco, para jugar y bromear, y haz algo simplemente porque te hace feliz.

Ya conoces los cambios en el estilo de vida que debes realizar para mantenerte físicamente y reducir el estrés: dormir bien, reducir la ingesta de cafeína, hacer ejercicio, comer adecuadamente, etc. Pero tu salud social, emocional y espiritual también son importantes. Si no te tomas el tiempo deliberadamente para participar en estas cosas, simplemente no se harán.

¿Recuerdas a Susie? Se sienta todas las mañanas y escribe su lista de tareas pendientes, trabajando en todas sus tareas importantes de su horario. Pero cuando se trata de hacer ejercicio, pasar tiempo con amigos o familiares, o hacer las cosas que le gustan, las pone muy lejos en la lista y nunca las hace. En su lugar, ella podría decidir de manera proactiva que las relaciones, la salud física y el disfrute son importantes en la vida, y que les dedicará algo de tiempo todos los días. ¿Qué pasa si no hay suficiente tiempo en el día para todo eso *y* su trabajo? Eso significa que su trabajo no es adecuado para ella.

La gestión del tiempo no es solo una forma superficial de hacer malabarismos con las tareas del día. Es una forma de estructurar toda tu vida y administrar la arquitectura de tu vida para que gastes tus recursos y energía en las cosas que más importan. No se trata solo de exprimir tanto trabajo como sea posible en el día, sino de equilibrar y mirar tu vida sabiendo que tus proporciones y prioridades reflejan tus valores.

Seamos honestos: siempre habrá algo nuevo que demandará tu atención y acaparará tu tiempo. Depende de nosotros dirigir conscientemente la dirección de la vida para aprovechar al máximo el tiempo y la energía que tenemos. A continuación, se muestra un excelente marco general sobre cómo hacer esto:

1. Decide tus valores y prioridades en la vida. ¿Cuáles son las tres cosas que más te importan?

2. Observa durante una semana la forma en que empleas el tiempo que tienes disponible. Registra cada hora y lo que haces con el tiempo.

3. Analiza estos datos: ¿dónde pasas la mayor parte del tiempo? ¿Y la menor parte? Por último, observa si la forma en que realmente pasas el tiempo refleja tus valores. Por ejemplo, si lo que más te importa es tu familia, construir tu propio negocio y mantenerte en forma, ¿tiene sentido que pases el 90 % de tus horas solamente en el trabajo?

4. Guiado por tus valores y principios, reestructura tu horario para reflejar mejor tus prioridades.

5. Observa de nuevo para ver cómo te va, qué está funcionando y qué ajustes puedes hacer.

No tiene sentido hablar de gestión del tiempo sin saber cuáles son tus objetivos y prioridades. La buena gestión del tiempo depende enteramente de los resultados que buscas, y primero debes saber qué es lo que valoras Con tus valores en mente, puedes comenzar a decidir qué es importante y qué no; es decir, puedes clasificar actividades y tareas.

Comienza todos los días con tus prioridades, que reciben la mayor parte de tu atención, tiempo y recursos. Por la mañana, escribe una lista de tareas del día. Echa un vistazo a los elementos y clasifícalos: **urgente**, **importante** o **no importante**. Los elementos urgentes deben hacerse hoy y tienen prioridad. Si los aplazas, invitarás al estrés. Las tareas importantes son un poco menos urgentes y, a menudo, incluyen tareas de «mantenimiento de vida» que, cuando no se realizan, causan problemas, como sacar la basura.

Las tareas no importantes pueden esperar, o no son prioridades. Puedes decidir sobre tu propio sistema de clasificación y hacer tu propia definición de lo que realmente significa «importante» para ti, pero aclara esto antes de asignar cada etiqueta a una tarea. A algunas personas les resulta útil limitar la cantidad de tareas urgentes o importantes, es decir, preguntan: «¿Cuáles son las tres cosas en las que me enfocaré hoy?» y luego se relajan en las otras tareas menos importantes.

Hay varios consejos, trucos y técnicas para la administración detallada de tu tiempo, y muchas aplicaciones y métodos inteligentes diseñados para ayudar a agilizar el proceso. Pero si sigue los fundamentos anteriores, puedes hacer que tu tiempo trabaje para ti. Un buen hábito de gestión del tiempo reflejará tu estilo de vida y tus objetivos únicos, pero hay algunas cosas que debes tener en cuenta:

- Escribir las cosas las hace más concretas: ten una lista de tareas, un calendario, un horario o algo físico para anotar tus metas a diario y hacer un seguimiento del progreso.

- Divide las tareas más grandes en más pequeñas y establece mini-metas encaminándote hacia las más grandes.

- Piensa en el proceso más que en el resultado. Si te enfocas en hábitos útiles diarios, lograrás más a largo plazo que si te enfocaras en resultados rápidos y en el perfeccionismo.

- Acostúmbrate a decir no a las cosas que no son importantes. Está bien delegar o trazar un límite para respetar tus límites.

- Pesa continuamente tus acciones a tus objetivos más importantes y pregunta, ¿esto me acerca o me aleja más? Entonces actúa en consecuencia.

Por supuesto, diseñarlo de esta manera hace que la administración del tiempo parezca simple, y *es* simple, pero no siempre fácil. A pesar de saber hacerlo mejor, a veces nos aferramos a viejos patrones de comportamiento que nos perjudican. Sin embargo, si sabemos cuáles son estos obstáculos, podemos adelantarnos y solucionarlos. ¿Por qué algunas técnicas de gestión del tiempo funcionan para algunas personas y no para otras? Bueno, porque no todos somos iguales y no todos enfrentamos los mismos desafíos.

No solo existen técnicas de gestión del tiempo, sino estilos o personas individuales de gestión del tiempo. Por ejemplo, el **mártir del tiempo** es la persona que acepta la solicitud de todos los demás y asume demasiadas obligaciones y responsabilidades, y luego sufre por ello. Si este eres tú, puede que adquieras una sensación superficial de orgullo por estar tan ocupado, pero no estás abordando lo que es realmente importante para ti. Una buena técnica sería cualquier cosa que reduzca las distracciones y la multitarea, como un horario estricto o un límite para completar solo tres tareas principales por día.

El **procrastinador** tiene diferentes desafíos: retrasar cualquier acción hasta que a menudo sea demasiado tarde. Si bien un poco de presión es buena, para el procrastinador, la ansiedad solo lo perjudica aún más. Si pospones las cosas, puedes beneficiarse de dividir las cosas en pequeñas tareas y recompensarte por cada mini-meta.

El **distractor** tiene un problema relacionado: comienzan, pero a menudo se dejan llevar por las distracciones y encuentran que su atención va por todas partes. Lo que funciona para las personas con esta tendencia es tener límites más firmes y una mejor consideración por el tipo de entorno en el que trabajan.

El **subestimador** piensa erróneamente que las tareas tomarán menos tiempo del que realmente requieren y que puede incumplir los plazos porque sus estimaciones eran demasiado optimistas. En este caso, la gestión del tiempo también se reduce a disponer de tiempo suficiente para abordar los proyectos paso a paso, para dar tiempo a evaluar el proceso de forma más realista.

El **bombero** siempre está en un estado mental reactivo, apagando «fuegos» por todas partes y haciendo malabares con miles de cosas a la vez, a menudo cuando una situación ha llegado a un punto crítico. Para evitar el agotamiento, dicha persona podría aprender a delegar de manera más eficaz y a distinguir mejor entre los asuntos importantes y los urgentes. Correr constantemente para resolver problemas podría ser una señal de que no estás haciendo lo que deberías en las primeras etapas y dejar que las cosas se salgan de control hasta que sea mucho más difícil mantener el control.

El **perfeccionista**, como el procrastinador, no consigue hacer las cosas porque nada coincide con su imagen del resultado perfecto. A menudo, sin embargo, la verdad es que el perfeccionismo esconde el miedo a terminar o una intolerancia a los resultados «suficientemente buenos» que caen a lo largo de una curva de aprendizaje. El establecimiento de límites, la planificación realista y la delegación pueden ayudar.

Ya sea que te identifiques con uno o más de los anteriores, o descubras que tu estilo de administración del tiempo es algo completamente diferente, es útil comprender cómo estás actuando actualmente para que puedas tomar medidas para mejorar. Observa los patrones y pregunta, ¿qué me impide administrar mejor mi tiempo en este momento? Después de todo, cualquier técnica de gestión del tiempo solo es útil si realmente funciona para ti, en tu vida.

## Cómo administrar tu tiempo, energía e insumos

Echemos un vistazo más de cerca a algunas de las estrategias que podrían ayudarte a superar tus limitaciones únicas en la administración del tiempo. Teniendo en cuenta tu propia personalidad de gestión del tiempo y tu estilo de vida, puedes probar lo siguiente

Técnica deprocesamiento Allen
Esta técnica es excelente para los procrastinadores, los que van apagando

fuegos y los distractores, pero puede ser útil para cualquiera que quiera navegar por nuestro mundo saturado de información. En esta técnica, los datos se denominan en términos generales «entradas»», es decir, cualquier estímulo del entorno: reuniones, correos electrónicos, llamadas telefónicas, redes sociales, televisión, otras personas, etc. ¿Cómo respondes a cada uno de estos pequeños ganchos que se extienden para llamar tu atención? La técnica de Allen afirma que, a menos que planifiques con anticipación cómo responder, probablemente lo estés haciendo de manera subóptima.

Con un plan, no tienes que perder un tiempo y energía valiosos analizando cada nueva entrada a medida que aparece; simplemente toma una decisión rápida y pasa a lo que es realmente importante. Primero, comienza por observar tu vida diaria y mira si identificas tus entradas principales. Realmente no importa lo que sean, sino que llamen tu atención. A continuación, la gran pregunta: ¿cómo responds? *¿Actuarás a causa de esta entrada?*

Debes decidir si una entrada justifica tu acción, sí o no. Si no, puedes hacerlo más tarde o simplemente ignorarlo por completo. Si es así, entonces actúa. Suena fácil, ¿verdad? El problema es dejar que las entradas se acumulen y te causen estrés. Por ejemplo, una carta llega por correo, la abres y luego la dejas a un lado. La tomas más tarde, la vuelves a leer, pero la vuelves a dejar a en el otro lado de tu escritorio. Puedes tomar esta simple carta cuatro o cinco veces antes de actuar finalmente, ¡y durante todo ese tiempo estuviste un poco estresado por ello! Es mucho mejor tomarla y tomar una decisión inmediata; digamos que decides que la carta debe ir a la basura, y eso es todo. Tu espacio de trabajo está más despejado, al igual que su mente.

Si debes actuar, pregunta si debes hacerlo *de inmediato.* Completa las tareas urgentes de inmediato, pero si tienes que hacer algo más tarde, no lo dejes a un lado para que siga dando vueltas sin resolver nada.

Puedes programar inmediatamente un horario en tu lista de tareas pendientes para cuando lo vayas a hacer o establecer un recordatorio. Sé específico sobre lo que se debes hacer y cuándo, o incluso delega por completo. Después, olvídalo. Una aplicación de teléfono o un calendario para tomar notas puede ayudarte con esto, pero lo más importante es que seas constante.

La idea es que, si agilizas tu proceso de esta manera, en realidad estás liberando tu atención y energía, y esto hace que te sientas más tranquilo y con más control (¡lo cual es así!). Pensarás menos, porque habrá menos en qué pensar y, en general, sentirás que las cosas son menos abrumadoras y caóticas.

Necesitas ser consistente. Mantente al tanto de las cosas y simplemente rehúsa permitir que las tareas se acumulen. Abalánzate sobre cualquier problema nuevo que requiera tu atención y toma una decisión sobre cómo actuarás lo antes posible: ¿Ver esta página que un amigo te envió es una prioridad en este momento? ¿Es importante ese correo electrónico que recibiste de tu banco? ¿Cuál es la forma más rápida de lidiar con el hecho de que te acabas de quedar sin leche?

Las personas ocupadas a veces pueden actuar en contra de sí mismas: están tan nerviosas que en realidad posponen tareas importantes, que luego se convierten en tareas críticas, que luego les causan mucho más estrés que si las hubieran resuelto rápidamente en el momento en que aparecieron por primera vez.

El método Eisenhower

Como el método anterior podría haberte convencido, una buena administración del tiempo, tarde o temprano, se reduce a conocer tus propias prioridades y dejar que eso guíe tus acciones y el establecimiento de objetivos. El siguiente método es ideal para quienes van apagando fuegos, perfeccionistas y mártires del tiempo, ya que nos obliga a abordar una tarea de manera eficiente cuando en realidad no tenemos el tiempo o los recursos para hacerlo correctamente.

Pensar demasiado se reduce a hacer malabares con demasiados compromisos con muy poco tiempo o recursos. Esto causa estrés, lo que alimenta el pensamiento excesivo. Si no podemos evitar tal estrés de tiempo, ciertamente podemos cambiarlo o adaptarnos. Lamentablemente, muchos de nosotros tenemos demasiado que hacer en muy poco tiempo. La técnica Urgente/Importante del ex presidente de los Estados Unidos Eisenhower puede ayudar y te permite eliminar lo que realmente importa y lo que solo actúa como una distracción.

Las tareas **importantes** son aquellas cuyo resultado nos acerca a nuestro objetivo.

Las tareas **urgentes** son aquellas que necesitan atención inmediata, a menudo porque existe una penalización por no hacerlo.

Esta distinción es lo que generalmente falta en la mentalidad de quien va apagando fuegos, ya que verá cada tarea como urgente cuando no lo es. Puedes comenzar la técnica enumerando las tareas y actividades que tienes por delante, ya sea para el día o la semana. Ahora, asigna a cada tarea una de las cuatro posibles etiquetas:

- importante y urgente
- importante pero no urgente
- no importante pero urgente
- y no importante y no urgente

A continuación, clasifica estas tareas, en el orden indicado anteriormente.

**Para tareas importantes y urgentes:** *Hazlo de inmediato.* Estas son tu prioridad. Es una buena idea tener algo de tiempo todos los días programado para eventos imprevistos, pero reevalúa si hay muchos de estos e intenta ver cómo podrías haberlos planificado.

**Para tareas importantes, pero no urgentes:** *Toma una decisión sobre cuándo hacerlo.* Estas son las tareas que son esenciales para tus objetivos a largo plazo, pero no hay necesariamente una gran emergencia que requiera que las hagas ahora mismo. Cosas como el ejercicio diario, organizar tu presupuesto, mantener relaciones, etc. deben hacerse con diligencia, pero puedes ser un poco flexible sobre *cuándo*. Lo último que deseas es que se vuelvan urgentes, así que actúa a tiempo. Intenta programar actividades de rutina para no tener que pensar realmente en ellas, por ejemplo, una carrera por la mañana, una sesión de presupuesto todos los domingos por la noche o una llamada semanal con tu madre.

**Para tareas no importantes pero urgentes:** *Intenta delegar.* Estas son las cosas que te presionan, pero en realidad no enriquecen tu vida ni te acercan a tus metas. Es mejor si puedes reprogramar o delegar para que puedas dedicar tiempo a cosas que realmente se relacionan con tus objetivos. Ponte límites y di no a los compromisos innecesarios.

**Para tareas no importantes y no urgentes:** ¡Elimina! No hay necesidad de perder tiempo o esfuerzo en estas cosas; simplemente ignóralos o sigue adelante con ellos lo más rápido posible, y trata de reducir tu frecuencia en el futuro si puedes. Cosas como distracciones inútiles de Internet, programas basura en la televisión, juegos y redes sociales sin sentido pueden caer en esta categoría.

El uso de esta técnica no te exime de actuar con rapidez a veces, de asumir la responsabilidad o de posponer una tarea en favor de otra. Pero sí te da el control para priorizar y organizar estas tareas, lo que significa que estás menos nervioso y, por lo tanto, experimentas menos ansiedad. Recuerda, cuanto más en control te sientas, es menos probable que pienses o analices demasiado. Puede ayudar mirar una tarea y decirle literalmente: «Voy a sacarte de mi mente ahora, porque no eres necesaria para mis objetivos a largo plazo, y no eres urgente. Estoy poniendo mi atención en otra parte».

Puedes utilizar esta técnica para evaluar tu organización en general, o en una escala de tiempo más corta con tu lista diaria de tareas pendientes. Mientras trabajas en las tareas, pregúntate:

- ¿Realmente necesito optimizar aquí, o lo mejor es simplemente eliminarlo por completo?

- ¿Esta actividad se basa en mis metas, satisface mis valores o encaja con mi visión ideal de mí mismo?
- Incluso si necesito abordar esta tarea ahora, ¿debo hacerla toda ahora? ¿Qué parte de esta tarea es realmente importante?

Establecer metas INTELIGENTES (SMART por sus siglas en inglés).

Probablemente ya estés algo familiarizado con el concepto de que los buenos objetivos son aquellos que son específicos y tienen un tiempo limitado, o los llamados objetivos SMART. Si alguien no tiene claro su camino y sus valores, es probable que se sienta abrumado y ansioso incluso con bajos niveles de estrés, mientras que alguien que sabe exactamente lo que quiere y por qué aparentemente puede profundizar y superar enormes desafíos y reveses.

Sabemos que las metas pueden aliviar el caos y la distracción y aportar claridad y enfoque a nuestras vidas. Pero conocer tus valores no te ayuda automáticamente a establecer metas. Debes asegurarte deliberadamente de establecer el tipo de objetivos que es más probable que se alcancen. Los objetivos SMART son una ruta desde donde estás hasta donde quieres estar:

**S es de específico.** Esto reduce las distracciones por definición. Sé lo más claro posible. No te limites a decir lo que sucederá, ten claro lo que harás, en detalle.

**M es de mensurable.** Un buen objetivo se puede medir o cuantificar. El resultado no es vago ni está sujeto a interpretación. Responde la pregunta: «¿Cómo sabré que se ha alcanzado mi meta?».

**A es de alcanzable.** Esto significa que es realista para ti, en tu situación. Un objetivo debería desafiarnos a ir más allá, pero debe ser posible y razonable.

**R es de relevante.** ¿Este objetivo realmente habla de tus valores más amplios? ¿El objetivo más pequeño encaja con el más grande y tiene sentido en el contexto?

**T es de tiempo limitado.** Establece una fecha límite en la que debe cumplirse la meta o esboza algunos límites de tiempo.

Las metas establecidas para «algún día» nunca se materializan.

A continuación, se muestra un ejemplo de un objetivo bastante pobre: «Quiero estar más saludable».

Este es el mismo objetivo, escrito para satisfacer cada uno de los criterios SMART: «Quiero comer al menos cinco porciones de diferentes frutas y verduras al día (es decir, cada porción es de 80 gramos), en mi esfuerzo por tener una mejor dieta en general, y quiero mantener esto todos los días durante el resto del mes».

Aquí, el objetivo es específico (son cinco frutas y verduras diferentes al día), medible (podemos rastrear 80 gramos), alcanzable (no es poco realista), relevante (tiene sentido para el objetivo más amplio de una mejor dieta) y de duración determinada (tanto a corto plazo ya que es diario, pero a largo plazo ya que se prolonga hasta fin de mes).

Ahora, los objetivos SMART no cambian la dificultad de las tareas que tienes por delante. Pero *sí* te ayudan a dar forma y definir tu visión, para que puedas actuar con más eficiencia. Te hacen pensar más detenidamente sobre lo que estás haciendo realmente y cómo. Muchos de nosotros nos embarcamos en misiones con muy poca idea de los detalles, y solo terminamos decepcionándonos a nosotros mismos cuando el plan se desmorona rápidamente. Con un objetivo SMART, básicamente estás trazando un viaje desde el presente al futuro, y cualquier actividad seguramente tendrá más éxito cuando haya un plan claro y lógico para ello.

Puede parecer un poco obvio y cursi escribir literalmente tus metas, pero pruébalo y te sorprenderá lo poco clara que es la visión. Ajusta un poco tus metas y descubrirás que estar más concentrado en tu enfoque te hace más decidido a cumplir tu plan.

Método Kanban

La mayoría de estos métodos comparten un principio fundamental: cuanta más información puedas sacar de tu cabeza (es decir, cuanto más organizado y eficiente seas), menos tendrás de qué preocuparte y menos pensarás demasiado. Kanban es un sistema visual para administrar flujos de trabajo, pero puedes usar muchos de sus principios para mejorar tu productividad personal. Esta es una técnica que se refiere al flujo real de trabajo y cómo podemos mejorarlo.

El método Kanban japonés se originó en un contexto de fabricación, como una forma de organizar cosas como fábricas para una máxima eficiencia. Aplicado a la vida personal, Kanban es ideal para observar sistemas y procesos que ya están en marcha y mejorarlos. Sin embargo, ten en cuenta que no puede ayudarte a identificar objetivos o configurar sistemas; más bien, te permite optimizar continuamente los sistemas que ya existen.

Hay cuatro principios fundamentales a tener en cuenta:

1. Empieza con lo que ya estás haciendo
2. Realiza cambios constantes e incrementales para mejorar
3. Respeta las reglas y limitaciones actuales (al menos inicialmente)

4. Piensa en fomentar el liderazgo siempre que sea posible

Para nuestros propósitos como individuos (y no, digamos, una fábrica de Toyota), es el segundo principio de mejora constante lo que más nos interesa. La idea es que realmente logres más siguiendo pequeños pasos acumulativos en lugar de intentar dar grandes (¡intimidantes!) saltos cuánticos. En Kanban, utilizas seis acciones principales para dar forma al flujo existente y gradualmente hacia algo cada vez mejor:

1. Visualiza tu flujo de trabajo. Ya sea que se trate literalmente de tu ocupación o de algún otro «trabajo» (escribir tu novela, hacer ejercicio), colócalo en una pizarra para que lo veas visualmente, paso a paso. Utiliza diferentes colores, símbolos o columnas para ordenar las etapas de tu proceso. Recuerda, cuanto más puedas poner *ahí*, menos tendrás de qué preocuparte *aquí*.

2. Evita trabajos en curso. Esto es ideal para los tipos de «bombero» o «mártir del tiempo». Básicamente, no

hagas múltiples tareas. Elige una cosa, dedícale toda tu atención, completa la tarea y luego continúa con la siguiente. Esto frena la tentación de estar siempre pensando en lo que sigue en la fila (¡es decir, pensar demasiado!). No dejes tareas sin terminar para no estresarte ni abrumarte.

3. Maneja el flujo. Observa cómo fluye tu atención, tiempo y energía de una tarea a otra. ¿Estás perdiendo mucho tiempo viajando o esperando? ¿Cambias de tarea con frecuencia y luego pierdes ese tiempo en el que constantemente tienes que regresar a lo que estabas haciendo? Mira dónde estás perdiendo el tiempo y suaviza tu proceso. Esto podría ser tan simple como darte cuenta de que puedes hacer dos tareas en un solo viaje en coche en vez de perder tiempo y combustible en dos tareas separadas.

4. Configura ciclos de retroalimentación. En el mundo de los negocios, esto se llama «fallar

rápido y fallar a menudo», pero en realidad lo que significa es que necesitas construir a tiempo para verificar constantemente cómo lo estás haciendo, ajustarte y repetir. Observa tu proceso y tus esfuerzos, y mira si realmente están funcionando (lo que puedes hacer, porque estableces metas SMART y medibles). Con ciclos de retroalimentación constantes, se obtiene una mejora constante.

5. «Mejorar de forma colaborativa, evolucionar experimentalmente». Este concepto es un poco menos aplicable a la vida cotidiana, pero en un entorno no comercial nos enseña a aplicar el método científico a todo lo que hacemos. Podemos establecer una hipótesis, probarla y refinar nuestro conocimiento mediante el uso constante de experimentos.

Si bien todo esto puede parecer un poco abstracto para la persona común que busca reducir el pensamiento excesivo, los conceptos son sólidos, donde sea que se apliquen. Por ejemplo, supongamos que estás constantemente estresado por la preparación de la comida y las compras, y encuentras la interminable pregunta de qué preparar para la cena bastante estresante. Así que te sientas y dibujas visualmente el proceso de compra de alimentos en tu casa, desde comprar cosas en la tienda hasta planificar comidas y cocinar (y comida para llevar de emergencia cuando no hay nada en el refrigerador).

Una vez que lo visualizas, identificas dónde no funciona el flujo y descubres que en realidad estás tirando mucha comida y al mismo tiempo te quedas sin comida al final de la semana, lo que provoca estrés. Decides manejar el flujo implementando un nuevo sistema en el que clasificas los alimentos según su fecha de caducidad. Intenta esto durante una semana y luego mira si a) tu proceso de alimentación mejoró y b) tu estrés disminuyó. Sabiendo que el objetivo es el progreso incremental, realiza algunos ajustes y vuelve a intentarlo.

Es cierto que inicialmente puede parecer que estás pensando más en este problema, pero aquí, tus pensamientos no son una rumia inútil que solo te hace sentir mal; en cambio, te estás fortaleciendo para realizar cambios, hacerte cargo de tu vida diaria y encontrar lo que realmente funciona. Esencialmente, construyes una vida a tu alrededor que está perfectamente diseñada para eliminar el estrés de tu mente, ¡no incrementarlo!

Por último, veamos una forma inteligente de utilizar de manera eficiente el tiempo que hemos asignado para cada tarea, una vez que hayamos considerado cómo puede encajar en un proceso más grande.

## Bloqueo de tiempo

La mayoría de nosotros pasamos un tiempo considerable todos los días haciendo una sola cosa: trabajar. Sin embargo, es tan fácil perder el tiempo en reuniones, correos electrónicos y «trabajo ajetreado» que te desconcentras de lo que cuenta y te alienta a pensar demasiado. El bloqueo de tiempo es ideal para los bomberos, los procrastinadores y los mártires del tiempo que quieren tomar el control de sus horarios de trabajo para reducir el estrés.

Puede ayudarte a salir del modo reactivo y distraído y evitar esos días que se sienten interrumpidos o caóticos.

Con el bloqueo de tiempo, dedicas ciertos bloques de tiempo en tu horario a una tarea y solo esa, en lugar de realizar múltiples tareas o cambiar rápidamente entre una cosa y otra. Al planificar con anticipación, no pierdes tiempo ni fuerza de voluntad para tomar decisiones sobre qué hacer y puedes asegurarte de comenzar siempre con tus prioridades. Deseas fomentar el «trabajo profundo» y concentrarte en lo que estás haciendo, en lugar de prestar una atención superficial a muchas cosas a la vez. Esto no solo es efectivo (es decir, haces más cosas en un espacio de tiempo fijo) sino que es mucho menos estresante y puedes sacar más provecho del trabajo con menos esfuerzo mental o emocional.

El trabajo profundo constituye todas esas cosas en tus tareas «urgentes e importantes» e «importantes, pero no urgentes», mientras que el trabajo superficial son todas esas otras cosas: las tareas que deseas delegar o eliminar por completo. Un buen día es aquel en el que dedicas la mayor cantidad de tiempo posible a aquellas tareas que realmente enriquecen tu vida y te ayudan a alcanzar tus metas, a la vez que minimizan la cantidad de trabajo superficial que tienes que hacer y lo estresado que puede ponerte. El bloqueo del tiempo puede frenar el impulso perfeccionista y darte una idea más realista de cuánto tiempo toman realmente las cosas.

- Comienza preguntando qué esperas lograr con un día o una semana, y en qué prioridades deseas enfocarte. Esto guiará tu enfoque.

- Luego, observa las rutinas matutinas y vespertinas que deseas establecer al comienzo y al final de cada día. Por ejemplo, puedes comenzar con un entrenamiento y meditación matutinos y terminar con una lectura relajante o tiempo de calidad con la familia. Por supuesto, todos estos se establecen de acuerdo con tus prioridades y valores (sin mencionar tus ciclos y hábitos únicos de sueño/vigilia).

- A continuación, bloquea las tareas prioritarias primero, planificándolas para cuando sepas que estarás más alerta y enérgico. Mantén estos bloques lo más indivisos posible.

- Luego, busca espacio para trabajos menos importantes y superficiales, y programa momentos en los que no seas tan productivo.

- Por supuesto, necesitarás un tiempo todos los días para aquellas tareas que no puedes predecir exactamente, como responder correos electrónicos u otras cosas que surjan en el momento. Reserva algo de tiempo para abordarlos, de modo que no se acumulen y te estresen. Tener este tiempo establecido también significa que puedes olvidarte con confianza de las tareas reactivas fuera de tu ventanilla designada.

- Echa un vistazo a tu horario y pruébalo durante unos días. No es el evangelio: mira lo que funciona y cambia lo que no funciona.

Muchas personas programan momentos de descanso y ocio premeditadas, y se aseguran de que haya un pequeño margen entre cada tarea por si acaso. También es posible que desees tener un día de la semana dedicado a ponerte al día o al «exceso» para que no sientas que es todo o nada.

Recuerda: tu horario está ahí para ayudarte a tener el control, no te controla a *ti*. Si algo no funciona, cámbialo. Prueba diferentes aplicaciones de gestión de horarios, calendarios o recordatorios. Prueba bloques más largos o cortos, e incluso crea un período todos los días en el que te detengas y evalúes cómo lo hiciste y por qué. Con el tiempo, tu horario podría convertirse en una de tus herramientas más poderosas para reducir el estrés, sin mencionar que puede volverte mucho, mucho más productivo.

Aportes

- Una de las mayores fuentes de nuestra ansiedad es la mala gestión del tiempo.

Tendemos a priorizar las cosas que nos hacen sentir miserables y nos negamos a dedicar el tiempo suficiente a las cosas que realmente disfrutamos. Rara vez nos tomamos un tiempo para el ocio y la relajación adecuados, por lo que debemos hacerlo conscientemente para mejorar nuestros niveles de ansiedad. Algunos consejos a seguir son hacer listas regulares de tareas pendientes, priorizar tus tareas en el orden de tu preferencia real y dividir los objetivos en partes más pequeñas.

- También existen otras estrategias que pueden ayudarnos a administrar mejor nuestro tiempo. Una de ellas se llama método de procesamiento de entradas de Allen. Aquí, las entradas son cualquier estímulo externo. Lo que tenemos que hacer es analizar y tomar nota de cómo respondemos incluso al estímulo más mínimo, como llamadas, correos electrónicos, etc. Luego, debemos planificar la mejor manera de responder en función de nuestras respuestas existentes para poder priorizar ciertos estímulos sobre otros.

- Otra técnica útil es utilizar metas SMART. Esto significa metas específicas, mensurables, alcanzables, relevantes y con plazos determinados. Anota tus objetivos con detalles muy específicos para que sepas exactamente qué hacer. Luego, configura criterios para medir cómo sabrás que has logrado este objetivo. Asegúrate de que el objetivo sea alcanzable; no debería ser algo extravagante. Evalúa cómo este objetivo es relevante para tu sistema de valores y qué propósito cumplirá en tu vida al lograrlo. Por último, establece un límite de tiempo para completar este objetivo de modo que lo hagas en un período de tiempo razonable.

# Capítulo 4 Cómo encontrar el zen instantáneamente

Si haces el esfuerzo de estructurar y organizar tu tiempo de acuerdo con tus valores y metas, naturalmente encontrarás que tus niveles de estrés se vuelven más manejables y que pensar demasiado disminuye un poco. Sin embargo, no puedes planificarlo todo en la vida y no hay forma de evitar el hecho de que los eventos inesperados pueden suceder y, de hecho, ocurren. A veces, puedes quedar atrapado en las garras de un pensamiento excesivo y ansioso a pesar de tener unos planes mejor trazados.

En este capítulo, veremos formas prácticas de reducir la ansiedad en el momento una vez que ya amenaza con apoderarse. Las técnicas que discutiremos se pueden utilizar tanto como una especie de preventivo diario o como un remedio inmediato en el momento. Pero una cosa está clara: la relajación es algo a practicar al igual que cualquier otro buen hábito. No podemos confiar en que la relajación ocurra por sí sola.

Cuando te relajas, tu frecuencia cardíaca, respiración y presión arterial bajan, tu digestión y tus niveles de azúcar en sangre mejoran, moderas las hormonas del estrés en el cuerpo, reduces la fatiga y el dolor muscular y aumentas la concentración, el buen sueño y la confianza. Y todo esto significa menos ansiedad y cavilación. Combinada con otras técnicas de este libro, la relajación es una herramienta poderosa para mitigar el estrés de la vida.

Aquí consideraremos tres técnicas principales: **relajación autógena, relajación muscular progresiva y visualización.** Al igual que la técnica 5-4-3-

2-1, estas tres funcionan porque animan a tu mente a establecerse en un enfoque tranquilo y consciente del cuerpo en el momento, y no en la tormenta de pensamientos en tu mente. Estas prácticas se pueden realizar de manera más formal con un profesional, o puedes programar un tiempo todos los días para practicarlas en casa. Sin embargo, una vez que estés familiarizado con ellas, tendrás un inventario de técnicas de manejo del estrés que puedes utilizar cuando sea necesario.

## Entrenamiento autógeno

De «auto» que significa tú y «genetos» que significa nacido u originado, la relajación autógena es la relajación que proviene de tu interior. Al combinar imágenes visuales, respiración y conciencia de tu cuerpo, trabajas para calmarte. En cierto sentido, todas las técnicas de este libro son autógenas, porque se basan en tu capacidad para pasar de un estado estresado a uno de relativa calma y trabajar con los mecanismos antiestrés innatos del cuerpo.

Este tipo de enfoque fue propuesto por Johannes Schultz en la década de 1920, quien también estaba interesado en la hipnosis y otras formas de relajación profunda. El entrenamiento autógeno tenía la intención de inducir sistemáticamente estos estados tranquilos del cuerpo y la mente a voluntad, lo que es excelente para quienes sufren de ansiedad. Hoy en día existen centros de formación autógena en todo el mundo (la mayoría en el Reino Unido, Japón y Alemania), que se basan en la investigación de Schultz, y tú también puedes realizar una formación de este tipo a través de un psicoterapeuta certificado.

Pero no es necesario que hagas nada de esto para comprender los principios básicos. Se trata de calmar deliberadamente el sistema nervioso central, que es donde comienzan la ansiedad y el pensamiento excesivo, biológicamente hablando. En lugar de ser reactivo e indefenso ante pensamientos y sensaciones angustiantes, aprendes a controlarlos y dirigirlos, regulando tu propio estado emocional *y* tu excitación fisiológica.

Hay seis técnicas principales que abarcan todo el cuerpo y la mente, y las sesiones formales duran alrededor de veinte minutos. El «aprendiz» puede comenzar en una posición cómoda y el entrenador usa señales verbales para guiar la atención hacia la conciencia de las sensaciones corporales. Por ejemplo, el entrenador podría decir, unas cinco o seis veces, «Estoy completamente tranquilo» seguido de «Mi brazo derecho está pesado», «Estoy completamente tranquilo», «Mi brazo izquierdo está pesado», etc. el cuerpo repite estas señales una y otra vez. Este proceso luego se invierte al final de la sesión, por ejemplo, usando frases como «mi brazo está firme» y «estoy alerta» para despertar de la relajación.

Las seis técnicas o «lecciones» utilizan señales que promueven la conciencia de lo siguiente:

- Pesadez
- Calor
- Conciencia de los latidos del corazón
- Conciencia de la respiración

- Conciencia de las sensaciones abdominales

- Centrarse en la frescura de la frente

Al final de cada sesión, el alumno ha aprendido no solo a relajarse, sino a tener un mejor control sobre su propia conciencia de los estímulos de todo tipo. A través de la práctica de estas técnicas, desarrollas más poder y control sobre tu mundo interno. De hecho, un metanálisis realizado en *Applied Psychophysiology and Biofeedback* mostró evidencia de la efectividad de la técnica en el tratamiento de una variedad de condiciones, desde hipertensión hasta depresión, asma, migrañas, ansiedad, fobias, dolor, insomnio y más. No hay ninguna razón por la que la práctica regular no pueda ayudar con el estrés y la tensión ordinarios de la vida diaria, y aumente la autoestima en el proceso. Aquí hay una breve guía sobre cómo intentar una sesión por tu cuenta:

1. Encuentra una posición cómoda, sentado o acostado, respira profunda y lentamente y comienza repitiéndote lentamente seis veces:

«Estoy completamente tranquilo». Si estás haciendo la segunda «lección», por ejemplo, puedes concentrarte en la calidez. Pon tu atención en las sensaciones de calor en tu cuerpo.

2. Luego repite, también seis veces, «mi brazo izquierdo está caliente» seguido de seis repeticiones de «estoy completamente tranquilo». Di esto despacio y realmente interactúa con las sensaciones, disminuye la respiración y concéntrate solo en tu cuerpo.

3. Continúa con el otro brazo, ambas piernas, pecho y abdomen, alternando con «estoy completamente tranquilo».

4. Invierte el proceso diciendo «brazos, firmes», «estoy alerta» y así sucesivamente y, finalmente, «ojos abiertos» al finalizar la sesión. Debería tomar de quince a veinte minutos en total.

Cada vez que intentes este proceso, concéntrate en una sensación diferente, es decir, primero pesadez, luego calidez, luego latidos del corazón y así sucesivamente hasta terminar las seis veces. Una vez que hayas hecho esto, puedes combinarlos en una sola sesión, por ejemplo:

«Mis brazos están pesados».

«Mis piernas están calientes».

«Los latidos de mi corazón son tranquilos y regulares».

«Mi respiración es tranquila y regular».

«Mi abdomen está relajado».

«Mi frente está agradablemente fresca».

En todo momento, lo importante es que te tomes tu tiempo y te sumerjas realmente en las sensaciones. No te apresures, y sintonízate para guiar el sentimiento deseado de calma dentro de ti. Siente cómo tu cuerpo se calma realmente cuando dice: «Estoy tranquilo». ¡Magia! Es importante enfatizar aquí que el entrenamiento autógeno toma algún tiempo para mostrar el alcance completo de sus beneficios. Requerirá dedicación y compromiso con el ejercicio. Sin embargo, si logras hacer el trabajo duro, los frutos de tu trabajo serán infinitos porque habrás dominado el arte de controlar tus niveles de estrés a través de un simple ejercicio que se puede hacer en cualquier momento y en cualquier lugar. También podrás ejercer cierto control sobre los procesos biológicos internos que generalmente están más allá de la influencia de nuestra voluntad, como los latidos del corazón, la temperatura corporal, la presión arterial, etc. Tómate unos minutos de cada día, varias veces si es posible, e intenta practicar este proceso con regularidad. Eventualmente verás cuán efectivo puede ser esto para ayudarte a dejar de pensar demasiado.

Cabe señalar que existen algunos riesgos asociados con probar estas técnicas por tu cuenta y sin la guía de un profesional capacitado. En raras ocasiones, las técnicas pueden hacer que ciertas personas se sientan más ansiosas o deprimidas. Sin embargo, quienes no tienen problemas de salud mental pronunciados probablemente pueden intentar con seguridad algunas técnicas sencillas inspiradas en el entrenamiento autógeno. Además, no es recomendable que las personas intenten un entrenamiento autógeno si padecen diabetes o una afección cardíaca. Algunos también experimentan un fuerte aumento o disminución de la presión arterial como resultado del entrenamiento autógeno. Si tienes alguno de estos problemas de salud, es muy recomendable que consultes con tu médico la próxima vez que lo visites y asegúrate de que el entrenamiento autógeno sea seguro para ti.

## Imágenes y visualización guiadas

Sin siquiera intentarlo, es posible que hayas realizado una pequeña visualización al realizar la relajación autógena, tal vez imaginando que el calor que sentías era como un resplandor rojo brumoso alrededor de tu cuerpo, o que la pesadez se debía a que tus piernas estaban hechas de plomo y se estaban hundiendo en una nube suave y esponjosa. Imágenes mentales como esta trabajan para unir tu mundo mental y físico, alineando tu conciencia, pensamientos y sensaciones en el momento presente. Esto es como tomar la misma máquina mental que normalmente nos abruma y estresa, y dirigirla hacia un destino que nos calma y equilibra.

Sin embargo, no se trata solo de imaginación visual: cuantos más sentidos se involucren, mejor. Usa la vista, el oído, el tacto, el gusto y el olfato para pintar mentalmente una imagen de un «lugar» relajante que fomente sentimientos positivos. Después de todo, cuando pensamos demasiado, ya estamos haciendo lo contrario: ¡pintar un mundo hipotético angustioso con doloroso detalle y meternos dentro de él!

Esta técnica se puede realizar solo, con un profesional o con una grabación de señales habladas (más a menudo denominada «imágenes guiadas»). Se puede combinar con masajes, relajación muscular progresiva (exploraremos esto en breve), técnicas autógenas o incluso algo como el yoga. La idea es familiar: si podemos evocar una escena relajante internamente, podemos controlar nuestra propia respuesta al estrés, deseando sentirnos relajados en lugar de dejar que el pensamiento excesivo y el estrés nos desequilibren. Va un poco más allá de la mera distracción, porque lo que estás haciendo es reorientar tu conciencia hacia sensaciones relajantes y alejarte de las estresantes.

Tu cuerpo y tu mente trabajan juntos. Si cierras los ojos e imaginas, con detalles vívidos, un limón amargo y jugoso, inevitablemente se te hará la boca agua, aunque el limón no sea real. Con esta lógica, usamos nuestra mente para comportarnos «como si» estuviéramos en un lugar tranquilo y nos sintiéramos relajados... y nuestro cuerpo sigue, sin poder distinguir entre el escenario y el *pensamiento* del escenario. Si practicas la visualización de manera rutinaria, también te estás entrenando con una señal que puedes usar rápidamente para acceder a ese estado mental nuevamente, regresando a tu «lugar feliz» cuando lo desees.

Es una revelación en sí misma: no estamos sujetos a los caprichos de nuestros cuerpos ni a la agitación aleatoria de nuestras mentes, pero podemos *moldear consciente y deliberadamente nuestro estado mental*, y cuanto más practicamos, más magistrales podemos ser. En la meditación, cultivamos la conciencia y entramos en el momento; con la visualización y las imágenes guiadas, hacemos lo mismo, pero una vez que nos hemos separado de los pensamientos estresantes, dirigimos nuestra conciencia a un objetivo de nuestra elección. La meditación y la visualización pueden funcionar maravillosamente juntas.

Lo mejor de la visualización es que ya tienes todo lo que necesitas para comenzar. Puedes hacerlo en cualquier lugar, durante el tiempo que desees y con la frecuencia que quieras. Literalmente está limitado solo por tu imaginación. Sin embargo, es algo que inicialmente requiere un poco de paciencia y dedicación, y mientras lo dominas, debes crear un espacio y un tiempo en el que no te interrumpan ni te distraigan. La técnica general es la siguiente:

- Encuentra una posición cómoda y relaja tu respiración; céntrate y cierra los ojos.

- Con todos los detalles que puedas, tómate tu tiempo para imaginar un lugar de tu elección, siempre que te haga sentir feliz, tranquilo o lleno de energía. Puedes elegir un bosque fresco y místico, una playa, una manta cómoda junto a un fuego en una biblioteca o incluso un hermoso palacio de cristal en un lejano planeta púrpura (es tu imagen, ¡haz lo que quieras!).

- A medida que imaginas los detalles de este lugar, cómo huele, los colores, los sonidos, incluso cómo se siente y sabe, también evoca cómo quieres sentirte. Quizás tranquilo y dichoso, quizás feliz y contento. Imagínate en el lugar y mírate sonriendo o sentado tranquilamente en algún lugar.

- Podrías crear una pequeña historia para ti, tal vez te bañes en una fuente reluciente que elimine el estrés, o hables con un ángel amistoso, o te imagines a ti mismo recogiendo un montón de hermosas flores. Tómate tu tiempo aquí y pasa al menos cinco o diez minutos en este lugar.

- Una vez que te sientas listo, sal suavemente de tu imagen, abre los ojos y estírate un poco. Es posible que desees incluir un elemento de cierre en la propia imagen. Por ejemplo, puedes imaginarte doblando la escena como si fuera un cuadro y guardándola en tu bolsillo para acceder más tarde. Dite a ti mismo que siempre puedes volver aquí, cuando quieras.

Al igual que con las técnicas autógenas, debes concentrarte en tu estado emocional; intenta decir cosas como, «Me siento tranquilo y contento» o cualquier mantra favorito, o combina tus imágenes guiadas con un enfoque en las sensaciones de calidez y pesadez. Por ejemplo, puedes enfocar tu atención en cada una de tus extremidades, mientras imaginas todo el estrés y la preocupación como pequeñas burbujas que te abandonan y flotan. O puedes combinar la sensación de frescor en tu frente con estar en una hermosa corriente refrescante, donde salpica el agua en tu cuerpo y te concentras en lo relajante y agradable que se siente.

Las imágenes guiadas no solo ayudan a reducir los niveles de ansiedad, sino que también se sabe que ayudan a las personas a acceder a la sabiduría que poseen en un nivel subconsciente. La técnica es tan simple pero efectiva que se está incorporando cada vez más como una forma complementaria de tratamiento psicológico junto con las técnicas convencionales. Incluso las personas que sufren problemas graves como estrés postraumático, abuso, depresión, etc., han descubierto que esta técnica ayuda a reducir el estrés y hacerlo más manejable.

Como hemos dicho, puede llevar un tiempo dominarlo. Esto se debe principalmente a que las historias que creas tú mismo deben ser lo suficientemente detalladas para ser lo más evocadoras posible para la relajación. Para empezar, la actividad puede parecer un poco incómoda y confusa, y es posible que tengas dificultades para sumergirte completamente en la imagen mental. Para facilitar las cosas, algunas personas imaginan un «guía sabio» con ellos que hace el trabajo de llevarte a un lugar relajante, en lugar de que tengas que hacerlo tú mismo. Independientemente de cómo lo hagas, las imágenes guiadas son muy similares a la autohipnosis en el sentido de que te ayudan a alcanzar un estado de relajación profundo que te dejará en un estado de ánimo mucho más positivo que cuando empezaste.

## Relajación muscular progresiva

Finalmente, agreguemos una técnica más poderosa: control consciente y conciencia de nuestros músculos. Con el estrés viene la respuesta de lucha o huida, donde el cerebro alerta al cuerpo para que libere una cascada de neurotransmisores y hormonas que preparan al cuerpo para la acción o para huir. Uno de los efectos que tienen estas hormonas es tensar los músculos, razón por la cual quienes padecen estrés crónico pueden experimentar dolores, rigidez muscular y dolores de cabeza por tensión. Quienes sufren de trastorno de ansiedad social son particularmente propensos a tensar sus músculos debido al estrés. Sin embargo, además de aliviar la tensión muscular, existen otros beneficios para la relajación muscular progresiva: una mejor salud digestiva (existe un fuerte vínculo entre la tensión mental y los espasmos musculares en el tracto gastrointestinal) y una presión arterial más baja.

La relajación muscular progresiva consiste en tomar el control de tus músculos, para aflojarlos y relajarlos deliberadamente, así como para aumentar tu conciencia de estas sensaciones y tu grado de control sobre ellas. Los médicos han observado durante mucho tiempo que un músculo, cuando se tensa con fuerza y luego se suelta, tiende a liberar la tensión y a estar más relajado que antes. Puede parecer contradictorio, pero puedes lograr estados más profundos de relajación muscular cuando comienzas con la tensión primero, en lugar de simplemente intentar relajar un músculo que ya está estresado.

Edmund Jacobson sugirió en la década de 1930 que, si uno está físicamente relajado, no puede evitar estar *mentalmente* relajado también. Propuso probar técnicas de relajación muscular durante unos diez o veinte minutos diarios. Esta práctica se puede agregar fácilmente a una rutina de meditación, o al final o al comienzo del ejercicio, o puedes hacerla como parte de tu rutina de relajación todas las noches antes de acostarte, tal vez junto con alguna visualización, un diario, una lectura suave o incluso una oración o música.

La técnica es simple:

- Mientras estés en una posición cómoda, preferiblemente con los ojos cerrados, mueve tu enfoque de una parte del cuerpo a la siguiente, primero tensando el músculo lo más fuerte posible, luego liberando esa tensión por completo antes de pasar a la siguiente parte del cuerpo.

- Comienza con las extremidades más alejadas, como los dedos de las manos y los pies, luego muévete hacia adentro para terminar con el abdomen y el pecho, y finalmente los músculos pequeños de la cara y la superficie del cuero cabelludo. También puedes comenzar con la cabeza y avanzar hacia abajo si te conviene más.

- Inhala y contrae el músculo tan fuerte como puedas contando hasta cinco o diez; exhala completamente mientras lo sueltas completa y repentinamente. Observa cualquier diferencia en las sensaciones del músculo (un poco de imágenes guiadas puede ayudar; imagina exprimir la tensión de tus músculos como una esponja).

- Termina con algunas respiraciones profundas y un estiramiento; nota cómo te sientes. Esta técnica no solo te ayuda a relajarte físicamente, sino que también mejora la conciencia de tu cuerpo, enseñándote a prestar más atención a los lugares donde el estrés se acumula en tu cuerpo. Incluso puedes descubrir con el tiempo que tu intuición sobre tu salud en general mejora a medida que «lees» tu cuerpo más de cerca.

Necesitas tensar diferentes partes de tu cuerpo de diferentes maneras. Mientras áreas como los bíceps, la parte superior de los brazos, las manos y los muslos se pueden apretar, áreas como los hombros deben encogerse de hombros levantándolos bruscamente hacia las orejas. Tu frente se puede arrugar en un ceño profundo, mientras que tus ojos deben estar bien cerrados. A continuación, para tensar la mandíbula y los músculos faciales, es necesario sonreír lo más ampliamente posible. Tu estómago se pondrá tenso si lo succionas en un nudo apretado, mientras que tu espalda debe arquearse bruscamente. Esto puede parecer mucho para recordar, pero una vez que lo intentes varias veces, comenzarás intuitivamente a hacer que los músculos se tensen en consecuencia.

Practicar la relajación muscular progresiva con regularidad tiene una serie de beneficios además de reducir los niveles de ansiedad. Puede mejorar la calidad de tu sueño, aliviar el dolor de cuello y de espalda, disminuir la frecuencia de las migrañas y prevenir otros problemas de salud.

El entrenamiento autógeno, la visualización y la relajación muscular son, en cierto modo, variaciones sobre el mismo tema: quieres aprender a tomar el control de dónde se está asentando tu percepción consciente y guiarla hacia tu cuerpo, el momento presente y la información de tus cinco sentidos, y lejos de la rumia estresante y el pensamiento excesivo. El dominio mental y emocional proviene de aprender gradualmente que *tú tienes el control*, no solo de tus pensamientos, sino también de tus emociones y también de tu cuerpo físico.

Aportes

- Puede haber momentos en los que sientas que tu ansiedad está llegando a un punto álgido o que estás a punto de salirte de tu control. En tales casos, puedes confiar en algunas técnicas probadas y comprobadas para reducir tus niveles de estrés.

- La primera de estas técnicas es el entrenamiento autógeno. Con esto nuestro objetivo es controlar nuestros pensamientos y emociones a través de seis ejercicios diferentes. Para practicar la primera técnica, busca un lugar cómodo para sentarte o acostarte. Luego, date ciertas señales verbales como «Estoy completamente tranquilo» mientras respiras lenta y constantemente. Siente las sensaciones en varias partes de tu cuerpo mientras te repites intermitentemente la frase. Aunque puede llevar algún tiempo dominar esta técnica, es simple y se puede realizar en cualquier lugar y en cualquier momento.

- La segunda técnica se llama imágenes guiadas. Esencialmente, encuentras una posición cómoda y piensas en un lugar que involucre todos tus diferentes sentidos como el olfato, el oído, etc., de una manera agradablemente estimulante. Este puede ser cualquier lugar, solo debe ser uno que inspire relajación. Imagínalo con el mayor detalle posible haciendo un uso completo de tu imaginación.

- Por último, tenemos la relajación muscular progresiva. Esta técnica se basa en la teoría de que la relajación física conduce a la relajación mental. Por lo tanto, el objetivo es relajar físicamente los músculos tensándolos primero. Nuevamente, siéntate en una posición cómoda y ve de la cabeza a los pies o viceversa y tensa diferentes partes de tu cuerpo antes de relajarte y continuar.

## Capítulo 5 Reorganiza tus patrones de pensamiento

La mente, el cuerpo y las emociones están todos conectados y se influyen mutuamente. Pero probablemente hayas notado que cuando se trata de ansiedad, la mente juega el papel más importante. Es la forma en que pensamos, nuestras estructuras mentales y nuestra interpretación cognitiva interna del mundo lo que más da forma a nuestra experiencia de él. Entendiendo esto, la terapia cognitivo-conductual, o TCC, intenta llegar a la raíz de la percepción que nuestra mente tiene del mundo y permite a las personas generar pensamientos adaptativos más útiles.

Los patrones de pensamiento negativos están detrás de casi todo pensamiento excesivo. Sin embargo, con la TCC puedes llegar a la raíz de los pensamientos distorsionados y construir otros mejores, es decir, aquellos que te ayuden a moverte por el mundo con más calma y una sensación de control, sin medicación. La TCC se usa para los trastornos de ansiedad diagnosticados como el trastorno de pánico, el TOC o la ansiedad generalizada, pero podemos usar algunas de las mismas técnicas para controlar el estrés cotidiano, especialmente si la fuente de ese estrés son nuestros propios pensamientos.

Esta es la premisa subyacente de la TCC: nuestros pensamientos (no el mundo exterior) influyen en cómo vemos el mundo y cómo nos comportamos. Los pensamientos crean emociones, que dan forma a nuestra percepción y cambian nuestras creencias sobre nosotros mismos y cómo actuamos. Cuando cambiamos nuestros pensamientos, todo lo demás sigue. Con el pensamiento excesivo, por ejemplo, un pensamiento raíz podría ser «cualquier fracaso es insoportable, y soy una mala persona si fallo», lo que significa que cuando fallas, te sentirás fatal y puede que cambies tu comportamiento para que nunca te arriesgues a fallar de nuevo. Sin embargo, si tu pensamiento es, en cambio, «el fracaso es normal y no es el fin del mundo», entonces cuando fallas, te sientes un poco decepcionado, pero te recuperas y continúas.

Mejor aún, si tu pensamiento es: «Valoro el fracaso como una forma de aprender más y volverse más fuerte», entonces, cuando fallas, te siente empoderado y motivado, y te esfuerzas aún más la próxima vez. Es el *mismo fracaso* cada vez, pero los pensamientos detrás de él son diferentes... por lo que las emociones y el comportamiento resultante también son diferentes. Por lo tanto, vale la pena llegar a la raíz de estos pensamientos, creencias y expectativas y preguntarse si conducen al tipo de emociones y comportamientos que realmente deseas. Si no es así, se pueden cambiar.

En las siguientes secciones, veremos cómo **identificar** los pensamientos que no funcionan para ti, **desafiarlos** y luego **reestructurarlos** o **reemplazarlos** con pensamientos que sean más útiles y precisos. Aprender este proceso es esencialmente una habilidad de afrontamiento, que te enseña no solo a comprender tu ansiedad en un nivel profundo, sino a enfrentar y superar esos miedos en lugar de dejar que te controlen.

## Desentrañar tus distorsiones cognitivas

Comencemos con el proceso de identificar pensamientos y creencias dañinos, también llamados distorsiones cognitivas. Tal vez nunca antes lo habías pensado, ¿por qué tan *precisos* son tus pensamientos sobre el mundo? No vemos el filtro por el que pasamos la realidad, pero en realidad, todos vemos el mundo a través de nuestro propio conjunto personalizado de expectativas, creencias, valores, actitudes, prejuicios, suposiciones o ilusiones rotundas. ¿Cuáles son los tuyos? (¡Sí, los *tienes*, como todos nosotros!)

Mira si puedes reconocer algunas de tus ideas y creencias en estos tipos comunes de distorsión cognitiva:

**Pensamiento de todo o nada.** Este es un pensamiento en blanco y negro demasiado simplista. O alguien está completamente equivocado, o tiene toda la razón, sin zonas grises en el medio. Este es un estado emocional que surge de nuestra respuesta de lucha o huida, y lo reconocerás en un lenguaje absolutista como *nunca*, *siempre*, *absolutamente*, *completamente* o *nada*. Pero este tipo de pensamiento reduce el compromiso, la creatividad o los matices. Está asociado con la impotencia, la depresión y la inflexibilidad. Cuando un político dice: «Estás con nosotros o estás contra nosotros» o tu cerebro te dice: «Haz esto bien o todo se arruinará para siempre», estás teniendo un pensamiento de todo o nada.

**Sobregeneralización.** Esto está relacionado con el pensamiento de todo o nada, donde hacemos declaraciones amplias y que lo abarcan todo utilizando muy pocos datos, por ejemplo, «todos los hombres son así» o «esto sucede todo el tiempo» cuando en realidad, solo un hombre era así, y la cosa sucedió literalmente una vez. Este pensamiento, comprensiblemente, aumenta las apuestas, incrementa la ansiedad y hace que los sentimientos perfeccionistas sean más pronunciados.

**Internalizando o externalizando.** ¿Cómo explicamos ciertos eventos externos? Si asumimos erróneamente que somos la razón detrás de los fenómenos, estamos internalizando. Por ejemplo, «Mamá y papá se divorciaron porque no yo limpiaba mi habitación lo suficiente». El resultado son la culpabilidad y la baja autoestima, y nuestro pensamiento excesivo puede tomar un tono de auto-reprimenda. Exteriorizar es ir demasiado lejos en sentido contrario y culpar a los demás por lo que es nuestro por derecho, por ejemplo, «No es mi culpa que ella esté molesta por lo que dije, no debería ser tan sensible». Ambas distorsiones conducen a una sensación de impotencia.

**Favorecer lo negativo, descartar lo positivo.** Este es común; podríamos suspender un examen de cada cien, pero cuando decimos «fallé» ignoramos las otras noventa y nueve. Quizás veamos un éxito como una suerte o una casualidad, mientras que un accidente genuino es una prueba de que somos malos o de que *siempre* suceden cosas malas. Este sesgo habla de nuestras creencias fundamentales de que las cosas siempre serán malas, hasta tal punto que ya ni siquiera vemos lo bueno.

**Razonamiento emocional.** En esta distorsión cognitiva, asumimos que, si sentimos que algo es de una manera determinada, automáticamente asumimos que nuestros sentimientos deben apuntar a la verdad de esa cosa. En otras palabras, «Si lo siento, debe ser verdad». Supongamos que tienes una revisión de desempeño en tu trabajo y tienes la sospecha de que no será muy halagador. Aunque realmente no sabes cómo se desarrollará, asumes que tus sospechas tienen mérito y te convences de que una mala revisión podría generar problemas y disminuir tu autoestima antes de que haya llegado a saber la verdad.

Estas no son las únicas distorsiones, pero son algunas de las más comunes. Otros incluyen catastrofismo («¡lo único que podría suceder es lo peor!»), pensamiento mágico («tal vez ese cuervo de afuera es una señal de que no debería salir hoy»), lectura de mentes («él me odia, simplemente lo sé»), adivinación («sucederá XYZ, solo lo sé»), o pensamiento desactualizado (alguien con dos doctorados todavía se comporta como si fuera un niño ignorante de cinco años).

Muchos de nosotros participamos en múltiples formas de distorsiones cognitivas simultáneamente. Por ejemplo, si tenemos miedo de que una pareja nos haya sido infiel, podríamos asumir automáticamente que de hecho nos ha engañado (razonamiento emocional) y pensar que debe ser debido a nuestras propias deficiencias (internalización). Esto puede ser seguido de catastrofismo o adivinación, en el que piensas demasiado en las consecuencias de romper y terminar soltero nuevamente. El truco consiste en notar que estás participando en este pensamiento en el momento. Busca un lenguaje fuerte y emotivo, palabras como «debería» o «debe», suposiciones no probadas o cualquier esfuerzo de tu parte para explicar o justificar algo que no es necesariamente el caso. Veamos cómo captar estas distorsiones en la naturaleza.

## El modelo de consecuencia del comportamiento antecedente (ABC)

Este modelo puede ayudarte a comprender e identificar tus propias distorsiones cognitivas, al observar de cerca lo que viene antes (antecedente) y después de un comportamiento (consecuencia) inspirado por un proceso de pensamiento en particular. El modelo ABC se enfoca principalmente en acciones y comportamientos, pero como hemos visto, nuestras acciones son impulsadas por nuestros pensamientos y creencias.

El **antecedente** es un desencadenante que indica un comportamiento. Por ejemplo, cada vez que estás en la playa te dan un helado, y cada vez que tu pareja llega tarde te enfadas y no hablas. Un antecedente puede ser una persona, una palabra, un entorno, un sentimiento, una situación, un momento del día o una combinación de estas cosas.

El **comportamiento** es el acto que resulta del desencadenante y puede ser útil o no tan útil. Si tomas una copa cada vez que estás estresado en el trabajo, hasta el punto del alcoholismo, obviamente esto no ayuda. Algunas acciones son adaptativas y nos ayudan a afrontar la situación, mientras que otras socavan nuestra productividad, nos hacen sentir peor o incluso nos ponen en peligro.

La **consecuencia** es el resultado, bueno o malo, del comportamiento. Algunos comportamientos mejoran una situación o nos hacen sentir bien, otros no son sanos y son inútiles. Por lo general, juzgamos las acciones como buenas porque sus consecuencias son buenas y viceversa.

El punto de delinear estas tres partes es darse cuenta de que en realidad están conectadas. A veces, no vemos cómo nuestros pensamientos influyen en nuestro comportamiento y cómo este comportamiento afecta concretamente nuestras vidas. A veces, no vemos qué es lo que realmente desencadena nuestro comportamiento en primer lugar, pero una vez que lo hacemos, podemos tomar medidas para evitar o cambiar el desencadenante, en lugar de trabajar directamente en el comportamiento en sí.

¿Puedes detenerte y observar las causas y los efectos de ciertos comportamientos? ¿Puedes obtener una idea de por qué haces lo que haces y si eso conduce a consecuencias deseables? Inicialmente, es posible que debas recopilar datos sobre tu propio comportamiento como lo hace un científico y buscar patrones. Elabora una hoja de cálculo con cuatro columnas y enumera los eventos para que puedas extraer los datos A, B y C. Recopila datos durante una semana o dos o hasta que comiences a notar patrones recurrentes. Por ejemplo:

| | Antecedente | Comportamiento | Consecuencia |
|---|---|---|---|

| | | | |
|---|---|---|---|
| **Even to 1** | Estar en la tienda a la hora del almuerzo | Comprar una caja de rosquillas y comérselas todas rápidamente en el coche | Sentirse físicamente enfermo y avergonzado |
| **Even to 2** | Cumplea ños de un colega en la oficina | Comer rápidamente un montón de pastel | Sentirse físicamente enfermo y avergonzado |
| **Even to 3** | Sentirse mal después de una discusión con los niños | Buscar galletas en todos los armarios de la cocina, comerse medio paquete | Sentirse fuera de control |

En este ejemplo demasiado simplificado, alguien podría darse cuenta rápidamente de que no come en exceso porque es una persona horrible y codiciosa (de hecho, este sentimiento es en realidad la *consecuencia* de comer en exceso), pero que come en exceso para lidiar con el estrés, o porque las señales ambientales están desencadenando asociaciones y comportamientos aprendidos (es decir, fiesta en la oficina = ¡hora del pastel!).

Este sencillo registro revela algunas cosas: que el comportamiento en realidad no está funcionando, porque la consecuencia siempre es negativa. También sugiere inmediatamente un camino a seguir: moderar los factores desencadenantes para evitar el comportamiento.

Aunque útil, la técnica se adapta mejor a comportamientos más simples; es posible que necesites la ayuda de un profesional para desentrañar tendencias más complejas o misteriosas, especialmente si estás introduciendo algún sesgo o ideas erróneas en el análisis mismo. El uso del modelo ABC consta de dos partes: primero, recopila datos para obtener más información sobre los comportamientos existentes y, segundo, trabaja para reestructurar los desencadenantes y las consecuencias en un esfuerzo por abordar los comportamientos no deseados.

El cambio de comportamiento es posible, pero lleva tiempo. Por lo general, funciona mejor cuando se adopta una visión global, es decir, no solo considera la arquitectura que rodea tu comportamiento, sino también los pensamientos que respaldan ese comportamiento. Cuando se trata de pensar demasiado, podemos vincular el método ABC considerando específicamente qué pensamientos preceden, acompañan y siguen nuestra acción, y cómo nuestros pensamientos informan esas acciones.

Puede haber muchas consecuencias gratificantes que inadvertidamente cimenten el mal comportamiento (por ejemplo, cada vez que bebes demasiado, te conviertes en el alma de la fiesta y obtienes muchos comentarios positivos de tus amigos). Mirando de cerca, puedes comenzar a desentrañar no solo el comportamiento, sino también los pensamientos detrás de él. «Si bebo, le agrado a la gente, así que eso significa que, si no bebo, no le agradaré tanto a la gente».

Podrías dejar de hacerlo con un éxito desigual, pero probablemente abordarías mejor la ansiedad en torno a este problema con la bebida si reconocieras las creencias y pensamientos centrales que mantienen la conducta de beber en su sitio.

## Mantén un registro de pensamientos disfuncionales

Otra forma de reducir el pensamiento excesivo y la ansiedad es trabajar directamente con los pensamientos mal adaptados, especialmente los que están detrás de los comportamientos que tienen consecuencias que no deseas en tu vida. Un «registro de pensamientos disfuncionales» es una forma estructurada de reunir todos esos pensamientos automáticos, incluso inconscientes, en un solo lugar, para que podamos analizarlos y decidir si una alternativa nos serviría mejor.

De la misma manera que construimos la hoja de cálculo ABC mencionada, haz un registro de pensamientos:

| Fecha y hora | Situación | Pensamientos automáticos | Emociones | Respuesta alternativa | Resultado |
|---|---|---|---|---|---|
| | | | | | |
| | | | | | |

Haz una entrada en este registro cada vez que experimentes una fuerte emoción negativa. El registro te ayudará a realizar una «autopsia» de los pensamientos y sentimientos, y a descubrir qué estaba pasando por tu cabeza en ese momento, lo que resulta útil si deseas realizar cambios perspicaces basados en datos.

**Situación:** Registra cualquier evento o entorno desencadenante que se presente antes de ciertos pensamientos y sentimientos, como lo hiciste con los «antecedentes». Esto podría ser un recuerdo, un pensamiento, una emoción, una idea o un pequeño sueño que te hizo sentir de cierta manera.

**Pensamientos automáticos:** Anota los pensamientos o imágenes resultantes, así como tu grado de creencia o inversión en ellos.

**Emociones:** Analiza la emoción que inspiraron estos pensamientos automáticos, así como su intensidad como porcentaje.

**Respuesta alternativa:** Aquí, después de que haya pasado el evento inicial, piensa en las distorsiones cognitivas que podrías haber hecho y si podrías haber tenido una respuesta diferente y más sana. Cubriremos esta columna con más detalle en la siguiente sección sobre cómo desafiar y superar estas distorsiones.

**Resultado:** Completa esto después de haber identificado y reelaborado los pensamientos y sentimientos originales. Vuelve a evaluar cómo te sientes, cuánto crees en los pensamientos automáticos, la intensidad de tus sentimientos y cómo deseas actuar.

También puedes crear una columna adicional para las distorsiones cognitivas. Esto te ayudará a reconocerlos más fácilmente con el tiempo y observar qué distorsiones eres particularmente propenso a sufrir.

Tanto el formato ABC como el registro de pensamientos disfuncionales anteriores realizan esencialmente la misma función; sin embargo, uno se enfoca en los comportamientos y el otro más en los pensamientos y sentimientos. Puedes usarlos dependiendo de tu situación particular, o probar ambos a la vez para obtener una visión más rica de lo que está sucediendo internamente cuando piensas demasiado y experimentas ansiedad. Decidas lo que decidas, después de unas semanas deberías haber reunido datos suficientes para pasar al siguiente paso: desafiar y cambiar tus pensamientos.

**Deshacerse de las distorsiones cognitivas**

Cualquiera que sea el método que utilices para desafiar tus pensamientos inútiles, la idea es siempre tomar el control de los patrones de pensamiento que te están poniendo ansioso y reemplazarlos conscientemente con formas de pensar que te ayuden a sentirte tranquilo, en control y capaz. Veamos algunos planteamientos populares.

## Reestructuración cognitiva

¿No es gracioso, con qué frecuencia y con qué facilidad tomamos nuestra propia palabra? La mayoría de las veces, no cuestionamos los pensamientos que pasan por nuestra cabeza, pero si podemos detenernos y observar nuestro pensamiento de cerca, podemos identificar distorsiones, inexactitudes y narrativas falsas que nos mantienen atrapados en patrones de pensamiento excesivo y estrés. Pero tenemos que estar dispuestos a actuar como científicos, y examinar y cuestionar neutralmente nuestro propio pensamiento, buscando evidencia en lugar de dejar que cualquier pensamiento antiguo se nos escape.

Cómo nos sentimos no se debe a lo que sucede, sino a cómo pensamos sobre lo que sucede. Cuando cambiamos la forma en que vemos las cosas, cambiamos la forma en que nos sentimos. De hecho, si has hecho algunas observaciones sobre tu propio pensamiento como se describe en la sección anterior, tu atención consciente ya está cambiando la forma en que te organizas mentalmente. Con solo reducir la velocidad y prestar atención, estarás más consciente. Simplemente identificando nuestros pensamientos en lugar de seguirlos sin cuestionarlos, pensamos de manera más racional y clara, dando un gran paso hacia la ruptura de hábitos mentales estresantes.

Llevemos las cosas más lejos. Cuando sientas una emoción negativa, PARA. Haz una pausa y mantente alerta. Anota todo lo que puedas en tu registro, sea cual sea el estilo que hayas elegido. Identifica el desencadenante o la señal, o al menos lo que haya venido directamente antes del sentimiento, y anótalo. Entra en detalles si puedes: ¿quién estuvo presente? ¿Dónde y cuándo sucedió esto? Literalmente, ¿qué sucedió, en detalle (ningún detalle es demasiado pequeño)?

Escribe tus pensamientos automáticamente, incluso si aún no están muy claros en tu mente. Observa cualquier diálogo interno, cualquier pregunta que surja, cualquier explicación o historia que comiences a contarse a ti mismo inmediatamente. Lo complicado es que los pensamientos automáticos más obstinados y dañinos suelen ser los más vagos y difíciles de articular, al principio. Observa la emoción resultante y cuán intensamente la sientes.(al principio puede parecer que el pensamiento y la emoción son lo mismo; ¡míralo con atención y desenrédalos!). Puedes sentir más de una.

Una vez que estés acostumbrado a esto, llegamos a la parte importante: cambiar. Intenta reestructurar solo después de haber pasado suficiente tiempo recopilando datos de manera neutral; a menudo, no estamos en condiciones de comenzar a hacer cambios hasta que tengamos una idea clara de lo que realmente estamos alterando. Tus alternativas estarán guiadas por el tipo de distorsión que te ves haciendo. Cuando seas nuevo en el proceso, es posible que desees simplemente generar tantas alternativas como sea posible; no importa si son viables, solo que estés abriendo tu mente para ver que, de hecho, hay otras formas de pensar sobre las cosas. Busca diferentes interpretaciones. Suaviza las cosas o sé un poco más flexible o amable en tu análisis.

Aquí hay algunas preguntas para guiar este proceso:

- ¿Qué evidencia tengo de que mi pensamiento automático es realmente cierto o no?
- ¿Hay otras explicaciones?
- ¿He cometido un error o una suposición?
- ¿Qué es lo peor que podría pasar? ¿Y eso es realmente *tan* malo?
- ¿Qué distorsiones cognitivas estoy usando y cómo se ve el pensamiento cuando elimino esta distorsión?
- ¿Qué pensaría yo de un ser querido o amigo que tuviera este pensamiento?
- ¿He mirado todos los hechos o solo algunos de ellos?
- ¿Mi respuesta es genuina o me estoy comportando como de costumbre?
- ¿Qué otras perspectivas hay? ¿Qué podrían pensar otros de esta situación?

- ¿De dónde vino realmente este pensamiento y es una fuente confiable?

Anota tantas alternativas como puedas, pero tres como mínimo. Luego, consulta tu gráfico nuevamente. Mira tus pensamientos y emociones, pero bajo una nueva luz. ¿Hay algo diferente ahora que has reestructurado tu forma de pensar? Si es así, observa y aprecia los beneficios. Cuanto más puedas internalizar el hecho de que la reestructuración cognitiva realmente mejora tu vida y te hace sentir mejor, más probabilidades tendrás de seguir adelante y cosechar los beneficios.

Veamos un ejemplo concreto. Mike es un pensador excesivo crónico y ha estado intensamente estresado por las preocupaciones recurrentes sobre el trabajo, incapaz de relajarse debido al temor de que todo esté siempre al borde de la catástrofe. Mantiene un registro de pensamientos disfuncionales durante algunas semanas, y aquí está una de sus entradas:

| Fech | Situación | Pensamient | Emocion | Respuesta | Resultado |
|------|-----------|------------|---------|-----------|-----------|

| a y ho ra | | os autom áticos | es | altern ativa | |
|---|---|---|---|---|---|
| 9 de jul io, 10 :4 5 | Senti rse apura do por la maña na, choca r con el jefe en el pasill o e incap az de respo nder a su pregu nta rápid amen te; se | «Los demás están consta nteme nte observ ándom e y evaluá ndome » «Teng o que parece r perfect ament e en contro l y correc to en | Páni co (80 %) Verg üenz a (10 %) Sient o que nunc a podr é relaj arm e, me sient o com | **Posibl e distor sión: catast rofism o, sobrei nflaci ón, enfoq ue en lo negati vo, lectur a de la mente .** | Me siento much o más cómo do y a gusto cuand o reestr uctur o los pensa mient os. |

| | rió | todo mome nto» «Soy secret ament e malo en mi trabaj o y un fracas o» | o un imp osto r | | |
|---|---|---|---|---|---|

Después de unas semanas, Mike nota un patrón de los mismos pensamientos recurrentes y el mismo tipo de distorsiones una y otra vez. Él observa los pensamientos, y genera algunas alternativas, inspirado por las preguntas enumeradas anteriormente:

«No tengo mucha evidencia de que la gente me esté juzgando, incluso si ocasionalmente notan mi trabajo».

«Puede ser que esté exagerando sobre cuán de cerca me supervisa mi jefe».

«Podría interpretar que una risa es más amenazante de lo que es».

«Tengo muchas pruebas de que mi jefe está contento con mi trabajo».

«Incluso si cometo un pequeño error y otros lo ven, no es realmente el fin del mundo, y es muy poco probable que me despidan de inmediato».

«No sé realmente lo que los demás piensan de mí y no tengo pruebas de que piensen mal de mí».

...y así sucesivamente.

Con estos pensamientos, Mike se da cuenta de que su pánico, que originalmente era del 80 %, se reduce a alrededor del 30 %. Se da cuenta de que no siente vergüenza en absoluto cuando piensa de manera más positiva. La próxima vez que surgen pensamientos distorsionados, SE DETIENE y recuerda que tiene el control y que tiene opciones. ¿Él quiere seguir los viejos caminos mentales que conducen a la rumia y el estrés? ¿O quiere elegir un patrón de pensamiento más cómodo y realista?

## Experimentos de comportamiento

Cuando adoptas el enfoque anterior, esencialmente estás sentando tu mente hiperactiva y cuestionando todos esos pensamientos automáticos, inconscientes e inútiles que crea. Asumes el papel de un investigador o científico neutral, llegando al fondo de las cosas. Pero algunas de nuestras suposiciones y prejuicios más apreciados pueden persistir incluso después de haberlos revisado para detectar distorsiones cognitivas y buscar alternativas.

Por ejemplo, podrías tener el pensamiento «Todo el mundo me odia». Esto puede estar tan arraigado en ti desde la niñez o en tu sentido habitual de identidad que nunca podrás deshacerte de él, incluso cuando reconozcas intelectualmente que «odio» es probablemente una palabra demasiado fuerte. Podrías discutir contigo mismo, buscar interpretaciones alternativas y aun así sentir en el fondo que esta creencia es cierta. Sin embargo, hay una forma de llegar a la raíz de esta idea: *pruébala.*

Observar la evidencia de nuestros pensamientos puede ser de gran ayuda, pero a veces necesitamos realizar «experimentos» para demostrarnos a nosotros mismos que nuestros pensamientos no se basan en la realidad. Las creencias centrales obstinadas tienen un componente emocional, lo que significa que no desaparecerán simplemente porque las hayas alejado racionalmente. Entonces, prueba esta técnica en su lugar:

- **Aclara la creencia.** Indica claramente cuál es tu pensamiento y anótalo, así como la emoción asociada y su intensidad. En este ejemplo, «Todo el mundo me odia».
- **Crea una hipótesis** que contenga una alternativa potencial, es decir, «algunas personas no me odian».
- **Crea un experimento** para probar esta hipótesis. ¿Qué tendrías que hacer para poner realmente a prueba esta creencia? Quizás podrías buscar casos en el pasado en los que las personas te hayan dicho que les agradas, o podrías observar el comportamiento de quienes te rodean en un período de una semana

para ver cómo se comportan contigo y ver si esto es compatible con una actitud de «odio».

- **Ejecuta el experimento** con la mentalidad más abierta posible y escribe tus observaciones. Tal vez notes que muchas personas se acercan deliberadamente a ti durante la semana para pedirte pasar tiempo y hacer todo lo posible para estar cerca de ti.

- **Analiza estos resultados.** ¿Qué conclusión puedes hacer? ¿La creencia original de «todos me odian» resiste el escrutinio? Fíjate también en el cambio de sentimiento que tienes cuando cambias de creencia.

- **Haz ajustes** a esta creencia y, cuando no estés seguro, vuelve a tu experimento y recuérdate que, lógica y prácticamente, te has demostrado lo contrario. Recuerda los sentimientos asociados con la creencia alternativa.

Hay varios tipos diferentes de experimentos de comportamiento por los que puedes optar. El mencionado anteriormente se llama un «experimento de prueba de hipótesis directa». Sin embargo, algunas cosas en las que podríamos pensar demasiado no se prestan a formular hipótesis tan fácilmente como este método de experimentación. Otras veces, los miedos y los pensamientos negativos no son tan fáciles de probar. Por ejemplo, una persona solitaria que se pregunta si a alguien le importaría si algo le sucediera no puede (y no debe) probar esto, digamos, lastimarse a sí mismo para ver si alguien se preocupa.

Para tales escenarios, podemos emplear un método de experimento alternativo que utiliza encuestas. Digamos que sufres de pensamientos intrusivos que crees que son tan desagradables y vergonzosos que nunca podrás compartirlos con otra persona. La forma en que puedes utilizar las encuestas es preguntar a las personas que conoces que sufren de ansiedad acerca de los pensamientos intrusivos que tienen o buscar cuentas personales en línea. Es probable que te encuentres con muchas historias de personas que tienen pensamientos similares a los tuyos, lo que normalizará tus propios pensamientos y te permitirá verlos como menos dañinos o peligrosos de lo que percibiste originalmente.

Un tercer tipo de experimento de comportamiento se llama experimentos de descubrimiento. A menudo, las personas con ansiedad se aferran a ciertos puntos de vista sobre personas específicas, el mundo en general e incluso ellos mismos que no se basan en ninguna razón claramente identificable. Sin embargo, han internalizado sus miedos irracionales hasta tal punto que realmente no pueden plantear la hipótesis de un pensamiento alternativo. Simplemente están convencidos de que, si no evitan ciertas cosas o no hacen ciertas cosas, el resultado será malo. Por ejemplo, una mujer que fue abusada sexualmente cuando era niña puede haber llegado a sentirse habitualmente avergonzada y de alguna manera «dañada» por su abusador. No hay una razón clara por la que ser abusada dañaría a una persona para siempre, pero debido a que ha vivido esta experiencia y ha pensado de esta manera durante tanto tiempo, podría ser difícil para ella pensar «tal vez no estoy dañado».

En tal caso, la persona debe preguntarse: «¿Qué pasaría si actuara como si no estuviera dañado?». La diferencia entre este tipo de experimento y la prueba de hipótesis es que no estás simplemente evaluando la veracidad de una determinada declaración o pensamiento. Lo estás poniendo en práctica para ver cómo responden las personas a tu alrededor. Aunque esto puede parecer abrumador, para muchos esta podría ser la única forma de averiguar si lo que creen es verdad, porque la reflexión y el análisis no son efectivos. Además, de todos los tipos de experimentos, es más probable que este te convenza porque tu propia experiencia hablará por sí sola.

Crea experimentos para esas creencias fundamentales obstinadas que tienes. A veces, desarrollamos estas creencias debido a experiencias pasadas y viejos hábitos que se han arraigado. A veces, la mejor manera de convencerse de un cambio es literalmente probarlo, de verdad. La acción práctica puede sacarnos de las rutinas mentales y permitirnos experimentar alternativas, en lugar de imaginarlas superficialmente.

## Uso de TCC para limpiar tu diálogo interno

Al observar más de cerca tus pensamientos, es posible que te hayas sentido abrumado por *la cantidad* de pensamientos que había; en lugar de una sola idea aquí y allá, los que piensan demasiado tienden a tener un flujo constante y efusivo de diálogo interno. Puede ser difícil elegir una sola idea de este flujo constante. El diálogo interno se puede definir como la narrativa y el comentario casi constantes que tenemos mentalmente a medida que avanzamos en la vida. Puede ser neutral (es decir, simplemente notar y observar), positivo (es decir, fomentar sentimientos felices y empoderados) o negativo (es decir, hacernos sentir mal y, para los propósitos de este libro, ansiosos).

¿Cuál es la diferencia entre una única creencia central desadaptativa (como «tengo que ser perfecto para ser amado») y el diálogo interno negativo? Por supuesto, los conceptos se superponen significativamente. La principal diferencia se puede explicar con un ejemplo: una creencia central de «Tengo que ser perfecto para ser amado» puede resultar en una corriente completa de diálogo y narrativa internos, como: *«Eres un perdedor, mira lo mal que está resultando este proyecto. Lo sabía. ¿Quién va a querer estar contigo cuando eres tan inútil? Oye, deja de sentir lástima por ti mismo. Nadie quiere ser amigo de alguien tan neurótico. ¡No es de extrañar que sigas soltero! Fallas en todo lo que intentas, ¿sabes? ¿Por qué es eso? No sé ni siquiera qué te pasa...»* y así sucesivamente.

No sería útil abordar cada una de estas declaraciones negativas individualmente, pero con un poco de paciencia y autoconciencia, se puede ver que todas se derivan de una creencia central que se expresa de diferentes maneras. El diálogo interno negativo puede reconocerse por su carácter emocional: ¿puedes ver la vergüenza, la duda y el reproche en el diálogo interno anterior? No es tanto que esta corriente de diálogo interno sea inexacta (aunque por supuesto que lo es) sino que es... bueno, ¡mezquina!

La TCC también puede ayudarnos a controlar el diálogo interno que proviene de la autoestima, el juicio propio y las dudas crónicamente bajas. Usando la estructura ABC anterior o el registro de pensamientos disfuncionales, podemos ver qué desencadena nuestro flujo de diálogo interno, lo cual puede ser difícil a veces porque puede ser tan inconsciente y continuo que no se sabe realmente cuándo «comenzó». Pero usa estos registros para ver si puedes sintetizar un solo *tema emocional* detrás de tu diálogo interno, y de eso extraer una creencia o pensamiento central que desencadena este hilo de pensamiento.

Cuando se trata de un diálogo interno profundo y crónico, la alternativa más saludable suele ser más emocional que cognitiva. Es posible que descubras que en lugar de concentrarte en la precisión, la verdad o la lógica de los pensamientos que se apresuran en tu mente, debes identificar la emoción y detrás de ella y abordarla directamente. En nuestro ejemplo anterior, esto puede significar no solo cambiar el pensamiento a «Soy imperfecto y digno de ser amado tal como soy», sino observar los sentimientos de baja autoestima que lo acompañan y reemplazarlos por amor propio y compasión.

## Guion propio: Fomentar y reforzar el diálogo interno positivo

Es una verdad ineludible que los pensamientos, sentimientos y comportamientos siempre están enredados de formas complejas. El *lenguaje* que usamos cuando hablamos con nosotros mismos marca una diferencia tan grande como la precisión fáctica de las declaraciones. La forma en que nos dirigimos a nosotros mismos internamente es más que los pensamientos individuales que abrigamos, sino más bien una actitud y un hábito continuos. Al igual que lo haríamos con cualquier otra relación, con el tiempo podemos construir una relación con nosotros mismos que se caracteriza por la bondad y el respeto.

Un «guion propio» va más allá de las declaraciones e ideas individuales y se extiende a tener una manera óptima y alentadora de hablar contigo mismo y sobre ti, todo el tiempo. ¿Qué voz usas contigo mismo? ¿Es positiva o negativa? ¿Precisa o imprecisa? ¿Realista o poco realista? ¿Amable o cruel? ¿Útil o inútil?

Un guion propio deliberado es una forma de tomar el control de nuestro diálogo interno. Si puedes participar en un guion propio durante los momentos de estrés y pensamiento excesivo, con el tiempo puede volverse más automático. Se puede usar un guion propio cuando estás haciendo meditación, visualización o relajación muscular progresiva, o puedes combinarlo con mantras y citas alentadoras para aprovechar los momentos tensos. Crea un guion de diálogo interno inspirador cuando te sientas fuerte y feliz, y vuelve a usarlo cuando estés ansioso o angustiado para volver a encarrilarte.

Si estás familiarizado con tus factores desencadenantes, puedes recordarte a ti mismo que debes «activar» tu guion cuando sepas que eres más vulnerable a profundizar en el diálogo interno negativo o el pensamiento excesivo. Por ejemplo, sabiendo que hablar en público es un factor desencadenante para ti, podrías trabajar duro para combinar técnicas de respiración, visualizaciones calmantes y conversación interna como «Lo harás bien. Dar un discurso no es el fin del mundo, y lo has hecho bien muchas veces antes...». De esta forma te preparas y te haces cargo.

Un guion propio es un poco como la autohipnosis y atrae tu atención hacia donde lo deseas. El diálogo interno puede ser inconsciente, pero un guion propio deliberado te permite tomar el control consciente. Practícalo cuando estés calmado y concentrado, para que estés listo y llegue automáticamente cuando te sientas más estresado. Escríbelo o publica algunas frases clave en tu pared donde puedas verlas. Después de un tiempo, observa los cambios en el estado de ánimo y los pensamientos que crea el guion (si los hay) y realiza ajustes sobre la marcha. Puedes tener varios guiones diferentes para diferentes situaciones, desencadenantes, distorsiones cognitivas o miedos.

Recuerda que tu objetivo no es eliminar por completo el estrés, la incertidumbre o el desafío. No te estás poniendo en un lugar maravilloso donde todo es perfecto. ¡Un poco de estrés mejora tu desempeño y puede ser motivador!

Aportes

- Muchos de nosotros estamos atascados en ciertos patrones específicos de pensamientos negativos que nos causan mucha ansiedad. La terapia cognitivo-conductual puede ayudarte a identificar estos patrones de pensamiento y reemplazarlos con actitudes más positivas que mejorarán significativamente tu salud mental.

- Lo primero que debes hacer es identificar las diferentes distorsiones cognitivas de las que podrías ser víctima. Algunos de los más comunes son el pensamiento en blanco y negro, en el que percibes todo en extremos, ya sea como horrible o celestial, y descartando lo positivo para enfocarte de manera desproporcionada en lo malo en cualquier escenario dado. Existe una larga lista de tales distorsiones, y probablemente empleemos varias diferentes juntas.

- A continuación, nos enfocamos en qué tipo de situaciones, personas o entornos desencadenan patrones de pensamiento específicos para ti. Puedes utilizar el registro de pensamientos disfuncionales como una forma de realizar un seguimiento de los detalles relevantes. Aquí, siempre que sientas que te deslizas hacia un patrón de pensamiento negativo, para e identifica el lugar, la situación o los eventos que precedieron al pensamiento, qué fue exactamente el pensamiento y qué tipo de distorsión fue. Luego, piensa en una respuesta racional a este pensamiento.

- Una vez que comprendamos más sobre nuestras distorsiones cognitivas, necesitamos formas de cambiar estos patrones de pensamiento. Una forma eficaz de hacer esto es a través de experimentos de comportamiento. Una forma sencilla de utilizar esta técnica es expresar claramente tu pensamiento o creencia negativa. Luego, formula una hipótesis en la que consideres la posibilidad de que sea falsa. Piensa si tienes alguna evidencia o experiencia pasada que pueda indicar que la creencia es de hecho falsa. Haz observaciones que puedan apuntar a lo mismo y, si encuentras razones para dudar de tu creencia original, analízalas y realiza cambios en tu patrón de pensamiento en consecuencia.

## Capítulo 6 Actitudes recién descubiertas y regulación emocional

En este libro, hemos analizado el problema del pensamiento excesivo (que en realidad es un problema de ansiedad) desde varios ángulos diferentes y hemos considerado soluciones que van desde la gestión del tiempo y los factores estresantes de la vida hasta el control de tus propios pensamientos y emociones, para reducir la tensión literal y el estrés en tu cuerpo.

El objetivo de todo esto es no solo aprender algunos consejos y trucos en el momento (aunque son útiles), sino convertirse en una persona completamente nueva: el tipo de persona que está tranquila, en control y enfrenta la vida con toda la confianza de alguien que conoce su corazón y su mente, y tiene un dominio silencioso sobre ambos. ¿Cuál es realmente la diferencia entre una persona abrumada por un pensamiento excesivo negativo y alguien que puede enfrentar cualquier desafío y tensión con una compostura resistente? Se trata de actitud.

Este capítulo recopila el espíritu de las técnicas que describimos anteriormente, para reunir en un solo lugar una mentalidad y una perspectiva que pertenecen a la persona no ansiosa. Es un «manifiesto» de cinco pensamientos o, más exactamente, actitudes. Siempre puedes elegir ser más consciente y siempre puedes elegir *hacia dónde dirigir tu conciencia.* La esperanza es que, cuando se practican con regularidad, las técnicas de los capítulos anteriores conduzcan naturalmente a estas actitudes.

## Actitud 1: Concéntrate en lo que puedes controlar, no en lo que no puedes

El pensamiento excesivo ansioso ocurre cuando nos sentimos impotentes y fuera de control. Cuando enfocamos nuestra conciencia en aquellas cosas que están fuera de nuestro alcance de control, naturalmente nos sentimos impotentes. Ignoramos todas las formas en las que *tenemos* libertad para hacer cambios y, en cambio, nos detenemos en aquellas cosas que nos angustian.

Es como empujar contra un bloque de piedra inamovible: empujar no te lleva a ninguna parte y solo te agota y desmoraliza. Si no se puede mover, no se puede mover. Entonces, ¿por qué desperdiciar energía y atención en eso? ¡Por qué desperdiciar esfuerzo, especialmente cuando ese esfuerzo podría ir a otro lugar donde tiene una posibilidad real de hacer un cambio!

Es cierto que a veces tu alcance de acción es muy limitado y es posible que solo tengas a tu disposición dos opciones que realmente no te gusten. Aun así, tienes una opción. A menudo, lo único que puedes controlar es a ti mismo, ¡pero eso es suficiente! Por ejemplo, tienes un pequeño accidente automovilístico en la carretera, debido completamente a la negligencia del otro conductor, que estaba enviando mensajes de texto, y ahora lo niega y, en cambio, quiere gritarle por ser un idiota.

Es humano dejarse llevar por el miedo, la ira o la infelicidad en momentos como estos. Pero ¿qué logrará realmente enfadarse? Sigue a los estoicos y acepta con gracia lo que no está en tu poder de cambiar. Es mejor gastar tu energía en obtener rápidamente los detalles del seguro y encontrar formas de salir de la situación lo más rápido posible para que puedas reparar tu automóvil. ¿Está equivocada la otra persona? Sí. ¿Es molesta, estresante y terrible? Probablemente. Pero no es necesario que recojas ese estrés. Puedes negarte a morder el anzuelo, ignorar sus insultos y actuar de manera práctica y sin estrés.

## Actitud 2: Concéntrate en lo que *puedes* hacer, no en lo que no puedes

Esto nos lleva a la siguiente actitud central. La ansiedad y el pensamiento excesivo tienen una característica peculiar: todo es abstracto, interno, vago. Se trata de posibilidades, miedos, qué pasaría si, recuerdos y conjeturas, nada más sustancial que el aire, cuando lo piensas.

Si piensas así, naturalmente puedes sentirte sin poder, como si solo estuvieras allí para presenciar pasivamente el mundo que te rodea y rumiar sobre él, en lugar de reconocer tu poder para ser un participante activo. A veces, cuando nos sentimos abrumados por un pensamiento excesivo estresante, es porque tenemos miedo de actuar, o sentimos que no podemos actuar, o no reconocemos que podemos e incluso debemos actuar.

La acción tiene un efecto clarificador y aleccionador, y puede sacarlo de las conjeturas mentales y la rumia estresante. Si no te estás enfocando en la acción, o si estás estresado por lo que no se puede hacer, estás dirigiendo tu energía a todo lo que te hará sentir frustrado e inútil. Enfatizamos este sentimiento de impotencia y cerramos los ojos ante posibles soluciones.

Imagínate a alguien que quiere abrir un bar, pero descubre con decepción que la burocracia y la legislatura le impiden adquirir una licencia de alcohol. Está atado.

Todo el plan parece desmoronarse. Entonces, comienza a enfocarse en el hecho de que no puede hacer nada, que es injusto, se desmotiva... y esto le causa estrés.

Pero un cambio de perspectiva podría permitirle preguntarse: «Si no puedo hacer esto, ¿qué puedo hacer?». ¿Por qué no abrir una cafetería en su lugar? La actitud correcta convierte la adversidad y los obstáculos en una oportunidad de soluciones creativas. Los mejores inventores a menudo llegan a ideas asombrosas precisamente *porque* sus planes originales fallaron. Pero cuando te enfocas en el fracaso y no en las nuevas posibilidades sugeridas por este fracaso, te estresas innecesariamente.

## Actitud 3: Concéntrate en lo que tienes, no en lo que no tienes

¿Estás sintiendo un tema? La confianza y la satisfacción provienen de una perspectiva que se centra en posibles soluciones e interpretaciones positivas, mientras que la ansiedad proviene de esa perspectiva que se centra en todo lo que está mal en una situación. Es una especie de vaso medio lleno, vaso medio vacío.

Centrarse en lo que tienes es una forma de darle un giro positivo y saludable a tu evaluación de cualquier situación. ¿Qué recursos tienes? ¿Qué está funcionando bien? ¿De qué tienes que estar agradecido? Si mantienes este estado de ánimo, estarás preparado para ver soluciones y nuevas oportunidades. Por otro lado, cuando te preocupas por lo que falta o lo que está mal, eso es todo lo que puedes ver. Es posible que te pierdas por completo la misma solución que te sacaría de tu infelicidad, si no te concentraras en ella con tanta atención.

Un ejemplo muy simple: imagina que alguien está organizando la fiesta de cumpleaños de un niño y tiene que atender a un gran número de personas, ¡una hazaña bastante estresante! Sucede una pequeña tragedia, el pastel se cae al suelo y ahora está completamente arruinado. El anfitrión podría hacer hincapié en este hecho y centrarse en lo horrible que es que la fiesta se arruine y que no haya pastel, o podrían ver el humor en la situación y ponerse creativo en la cocina. Todavía tienen velas, una sandía gigante, decoraciones para fiestas y montañas de dulces. ¿Por qué no convertirlo en un juego y dar un premio al grupo de niños que puedan soñar con el mejor pastel de cumpleaños improvisado al final de la tarde?

## Actitud 4: Enfócate en el presente, no en el pasado ni en el futuro.

La ansiedad vive en otra parte. Permanece en el pasado, preocupándose por lo que ya ha sucedido (es decir, está fuera de tu control, mira la actitud 1), o flota inútilmente hacia el futuro, imaginando un millón de posibilidades estresantes. Pero la percepción consciente y la acción útil pertenecen a otra parte: viven en el presente. Pon tu atención en lo que está sucediendo *en este momento* y reducirás el margen para pensar demasiado. También pones tus pensamientos en el único lugar donde tienen más posibilidades de ayudarte.

Para tomar un ejemplo un poco más serio que la fiesta de cumpleaños de un niño, piensa en alguien que está luchando con un historial de abuso, pérdida, enfermedad mental y tiempos oscuros en general. Se encuentra en un punto de su vida en el que no solo está angustiado por las cosas que han sucedido y los errores que ha cometido, sino también por lo que esto significa para su futuro y hacia dónde se dirige. Digamos que después de años de terapia y desarrollo personal, esta persona conoce a una nueva pareja romántica y las cosas van de maravilla.

Pero en lugar de centrarse en este nuevo romance, se deja llevar por el arrepentimiento por una mala relación pasada. Le preocupa que esto amenace su nueva relación y que todas las conexiones futuras se vean manchadas para siempre por los errores y los lamentos del pasado. Mientras tanto, se pasa por alto una cosa: ¡el hecho de que, *en el presente, ahora mismo, las cosas son maravillosas*! ¿Cuántas personas lloran el paso de ciertos momentos lejanos sin darse cuenta de que esto hace que sea imposible apreciar el nuevo momento que tienen en este momento? ¿Cuánta energía y tiempo se desperdicia preocupándose por futuros potenciales que nunca llegan, mientras todo el tiempo se descarta el momento presente real y concreto?

## Actitud 5: Concéntrate en lo que *necesitas*, no en lo que *quieres*

Hay una forma sencilla de pensar sin ansiedad. Nuestras narrativas internas personales y nuestro diálogo interno pueden tejer mundos intrincados que tienen muy poca relación con nuestras vidas reales. Una forma en que podemos desviarnos de nuestro pensamiento estresante es malinterpretar lo que es absolutamente necesario para nuestra felicidad y bienestar... y lo que es un extra agradable y opcional.

Centrarse en las necesidades en lugar de en los deseos te ayuda a llegar al meollo de las cosas y a priorizar lo que en última instancia es importante. Nuevamente, siempre es menos estresante concentrarse en lo que realmente importa y dejar ir lo que no importa. Por ejemplo, alguien podría estar planeando una gran mudanza a una nueva área y comenzar a sentirse abrumado y estresado cuando piensa en todos los pequeños detalles del tipo de casa que se adaptaría mejor a su estilo de vida. Terminan dejándose llevar por las cavilaciones sobre detalles cada vez más pequeños: *el lugar A tiene un gran jardín, pero es más caro que el lugar B, que, sin embargo, está más cerca de las tiendas, pero de nuevo, el lugar C es más barato y más cercano a las tiendas, pero no tiene nada de jardín... ¿Pero te importa el jardín cuando tiene suelos de madera tan increíbles? Pero entonces de nuevo...*

Considerar un sinfín de posibilidades y opciones puede parecer inteligente, pero en realidad puede paralizarte y hacer que tus decisiones sean menos efectivas. Tratar de optimizar sin cesar nos aleja cada vez más de nuestros valores fundamentales y nos distrae con cosas que son importantes, pero no fundamentales. En cambio, la persona de nuestro ejemplo podría detenerse y elaborar una lista de las tres características principales que más necesita en una casa nueva. Después de decidir ese precio, un jardín y tres baños no son negociables, pueden enfocar su atención e ignorar las opciones que no están a la altura.

Centrarse en las necesidades también te permite ser más resistente a los cambios, desafíos o decepciones que no son geniales pero que no son el fin del mundo. Si podemos entender que algo es solo un deseo y no una necesidad, es más fácil dejarlo ir y seguir adelante cuando no lo entendemos.

Como puedes ver, las cinco actitudes de este manifiesto son en realidad variaciones sobre un solo tema. Las personas que no están sujetas a un pensamiento excesivo ansioso han dominado una actitud particular hacia la vida que se caracteriza por la flexibilidad, el enfoque, la resiliencia y la acción beneficiosa. Pon tu conciencia en todo lo que es bueno en cualquier situación, es decir, tus opciones, tus recursos, tu potencial de acción y tu capacidad constante para actuar en tu propio interés, sin importar las adversidades que enfrentes.

## Regulación de la emoción a través de la acción opuesta

Las actitudes anteriores dan forma a nuestro pensamiento, nuestra percepción, nuestro comportamiento y, en última instancia, nuestro mundo.

Alimentar estas actitudes es un compromiso consciente con la positividad, la flexibilidad, la esperanza, la gratitud, la curiosidad, la paciencia, el respeto por uno mismo y tal vez incluso un poco de buen humor; en otras palabras, la gran diferencia es *emocional*. Cuando podemos reconocer y dominar nuestras propias emociones, podemos adoptar el estado mental emocional que más nos sirva. El dominio de uno mismo es el dominio del cuerpo, la mente y el corazón, o nuestras emociones.

Las técnicas de TCC mencionadas anteriormente, así como los métodos basados en la atención plena, nos enseñan cómo sentarnos con nuestras emociones sin juzgar. Miramos con serena conciencia lo que sentimos, aceptando nuestros sentimientos. Esto es importante: la regulación emocional comienza con la aceptación emocional. No mejoramos trabajando con nuestras emociones aprendiendo a alejarlas, sino aprendiendo sus nombres y familiarizándonos con ellas.

Una técnica utilizada con mucho éxito en otros contextos terapéuticos se llama técnica de acción opuesta, que, dicho de manera muy cruda, es «hacer lo contrario de lo que te dicen tus emociones». Por supuesto, esto no significa negar o luchar contra los sentimientos genuinos. De hecho, para practicar esta técnica, primero debemos detenernos en las emociones que realmente sentimos cuando pensamos demasiado (por ejemplo, miedo, pánico, inquietud, vergüenza) y observarlas sin resistirse ni aferrarse. Ya has tenido un poco de práctica con esto cuando compilaste tu TCC o registro de pensamientos disfuncionales.

Esta primera parte del proceso de regulación emocional no es diferente de otras prácticas meditativas; simplemente estás dejando que tus emociones sean lo que son. Con la conciencia tranquila de la respiración, tu cuerpo y tu conciencia, simplemente te observas a ti mismo y las emociones que surgen en ti. Puedes combinar esta investigación sobre tu estado emocional con una práctica programada de atención plena, agregarla a tu rutina matutina o convertirla en una sesión de visualización. O puedes practicar «estar» contigo mismo y tus emociones siempre que surjan sensaciones difíciles o te sientas en una crisis.

No hay nada de malo en tener emociones, especialmente, en el caso de pensar demasiado, emociones que son principalmente de miedo. Tienes todo el derecho y la razón para sentirte como lo haces. Sin embargo, hemos visto que la emoción se conecta con nuestros pensamientos y nuestro comportamiento. Si bien sentimos lo que sentimos, no significa que no tengamos voz sobre cómo esos sentimientos afectan nuestros pensamientos o nuestros comportamientos.

La emoción detrás de tanto pensar demasiado es el miedo, el miedo a estar fuera de control, a sentirse abrumado, al fracaso, al peligro inminente, al pánico, etc. El sentimiento es válido. Pero eso no significa que sea *cierto*. ¡Ciertamente no significa que sea útil! Y si actuamos por miedo, a menudo solo terminamos creando más miedo de todos modos. Pero tenemos la opción de observar nuestros sentimientos, de sentir nuestro miedo, pero sin embargo, *elegir* actuar de manera diferente. Aquí es donde entra en juego la técnica de acción opuesta.

Si estamos atrapados en pensamientos excesivos y cavilaciones ansiosas, por ejemplo, nuestro estado emocional temeroso podría causar una variedad de comportamientos diferentes en nosotros: podríamos evitar personas o situaciones, no tomar riesgos razonables, dejar de explorar o tener curiosidad por el mundo, convertirnos en sospechosos o incluso paranoicos, pensar menos en nosotros mismos y nuestras competencias, reducir nuestros sueños y metas, negar situaciones difíciles, desaprovechar buenas oportunidades por temor al fracaso o quizás culparnos a otros por causar nuestros problemas en la vida.

Los pensamientos que tenemos cuando estamos consumidos por el miedo y la ansiedad son igualmente limitantes:

«El mundo no es seguro».

«No puedes confiar en nadie».

«No funcionará bien, es mejor que ni siquiera lo intentes».

«No saques el cuello, es demasiado arriesgado».

«No intentes nada nuevo, algo malo sucederá».

Podemos tener compasión por nuestros sentimientos de miedo y validarlos como reales y dolorosos, sin necesariamente complacerlos. En otras palabras, nuestras emociones de miedo y ansiedad son más que bienvenidas para viajar con nosotros en el automóvil, ¡pero no pueden estar en el asiento del conductor y decidir hacia dónde se dirige nuestra vida!

¿Qué es lo opuesto al miedo y la ansiedad? ¿Qué sucede cuando simplemente invertimos estas emociones, comportamientos y acciones?

Vemos confianza y relajación. Abordamos nuevas situaciones con interés y no tenemos miedo de probar cosas nuevas o correr riesgos. Confiamos en los demás porque en el fondo, confiamos en nosotros mismos y sabemos que estamos a la altura de las pruebas que la vida nos presenta y que podemos manejarlas. A veces sentimos miedo, pero permitimos que el desafío nos motive e inspire. Nuestra cabeza está llena de pensamientos como, «¿Qué pasa si pruebo XYZ?» o «No sé qué pasará, pero de todos modos tengo esperanzas».

De la misma manera que nuestra hoja de cálculo TCC nos permitió identificar pensamientos poco saludables y luego pensar en mejores alternativas, la técnica de acción opuesta nos permite identificar el núcleo emocional detrás de estos pensamientos, para que podamos probar una alternativa que se sienta mejor. El proceso general es:

1. Identificar y reconocer la emoción y experimentarla, sin juicio ni interpretación.

2. Mira los pensamientos que esta emoción le está provocando, así como los comportamientos que fomenta. ¿Te gustan estos pensamientos y comportamientos, te acercan a tus metas y están en línea con tus valores? ¿Son abrumadores o están trabajando en tu contra?

3. Si es así, identifica la emoción *opuesta*. En cambio, al tratar de cultivar esta experiencia emocional, logras un equilibrio en tu estado mental y diriges tus pensamientos y comportamientos en una dirección más saludable.

4. Durante un período de tiempo fijo (ya sea cinco minutos o un día), comprométete por completo a mantener el estado emocional opuesto. Si vacilas,

trata de recordar por qué estás haciendo la técnica. Recuerda el costo de los pensamientos y el comportamiento impulsados por fuertes emociones negativas, así como el mejor estado mental que deseas en su lugar.

5. Observa los resultados. Observa cómo te sientes en comparación con el principio, y observa cómo cambian tus pensamientos y acciones cuando eliges deliberadamente sentirte diferente. Recuerda estos resultados la próxima vez que experimentes una emoción negativa fuerte similar.

Esta técnica no se trata de negar cómo te sientes o aplastar las emociones, ¡todo lo contrario! Es una excelente manera de comenzar a practicar una mejor regulación emocional y autocontrol, llevando la conciencia a lo que a menudo es una inmersión automática y poco saludable en pensamientos y patrones de comportamiento negativos.

Recuerda el ejemplo anterior de tener un accidente automovilístico y hacer que el otro conductor se comporte de manera agresiva contigo. La rabia y la ira pueden dominar. Pero si tienes el ánimo de detenerte e identificar lo que está sucediendo, tienes la oportunidad de cambiarlo. Al ver que los pensamientos y posibles comportamientos que provienen de la ira extrema probablemente no sean lo mejor para nadie, puedes intentar deliberadamente perseguir la emoción opuesta.

En lugar de devolver la ira y el insulto al conductor hostil, toma la decisión consciente de que, durante los próximos diez minutos, *no* te enfadarás, gritarás ni harás acusaciones. Usas una voz suave. Disminuyes la intensidad, permaneces neutral y validas al otro conductor sin estar necesariamente de acuerdo con él. Notas tensión en el cuello y decides dejarlo ir. Solo tienes que hacer esto durante diez minutos, ¡no es tan malo!

Pero al cabo de diez minutos, una vez que termina el altercado, es posible que observes algunas cosas: cuando observas cómo te sientes ahora, te da cuenta de que ese arrebato inmediato de ira ya no existe. Te sientes aliviado por no haber dicho ni hecho nada de lo que ahora te arrepientas. Y lo mejor de todo es que una sensación de calma *genuina* parece invadirte y es más rápido que puedas dejar de pensar en lo sucedido. Si bien es posible que te hayas preocupado por la injusticia de todo esto durante horas, ahora te resulta más fácil dejarlo ir y seguir adelante.

Todo esto se logró sin negar el hecho de que te sentías enfadado o tenso. De hecho, podrías haber elegido sentir ese enfado después de que pasaron los diez minutos, cuando sentiste que era más apropiado. Esta técnica tiene en cuenta el hecho de que estas emociones existen, pero no significa que tengamos que entretener a cada una de ellas en el momento en que aparece, o que tengamos que dejar que nos dicte lo que pensamos, decimos o hacemos. ¿No es ese un pensamiento empoderador?

Aportes

- Aunque este libro establece un montón de estrategias para ayudarte a lidiar con la ansiedad y el pensamiento excesivo, el objetivo aquí no es solo aprender algunos consejos y trucos. Es tener un impacto más transformador al inducir un cambio fundamental en nuestras actitudes y percepciones. Hay cinco actitudes de este tipo que necesitas incorporar a tu forma de pensar.

- La primera es concentrarte en lo que puedes controlar y no en lo que no puedes. Si puedes controlar algo, hazlo. Pero si no puedes, no sirve de nada preocuparte por eso. Al final, no hay nada que puedas hacer y la mejor estrategia aquí es simplemente aceptar eso y seguir adelante. La segunda es concentrarte en lo que puedes hacer y no en lo que no puedes hacer. Esto es similar al primero, pero más específico. ¿Cuáles son las cosas específicas que puedes y no puedes hacer en determinadas situaciones?

- La tercera actitud es concentrarte en lo que tienes y no en lo que no tienes. A menudo nos olvidamos de apreciar todas las cosas buenas que tenemos a nuestra disposición mientras nos enfocamos abrumadoramente en lo que nos falta. Sin embargo, podemos corregir esto pensando conscientemente en las cosas buenas de nuestra vida. De manera similar, enfócate en lo que necesitas y no en lo que deseas, porque las cosas que deseas nunca terminarán y nunca serán completamente alcanzables. Esto te ayudará a concentrarte en las cosas que son absolutamente necesarias. Por último, vive en el presente, no en el pasado ni en el futuro, porque ¿qué pasaría si...? Es la mejor manera de ser la presa del pensamiento excesivo.

Guía resumida

## CAPÍTULO 1. PENSAR DEMASIADO NO SE TRATA DE PENSAR DEMASIADO

- ¿Qué es exactamente pensar demasiado? Pensar demasiado es cuando analizas, evalúas, rumias y te preocupas excesivamente por ciertas cosas hasta un punto en el que comienzan a afectar tu salud mental porque simplemente no puedes parar.
- Hay dos fuentes principales de ansiedad que conducen a pensar demasiado. La primera somos nosotros mismos. Desafortunadamente, algunos de nosotros estamos genéticamente predispuestos a estar más ansiosos que otros. Sin embargo, es posible que la genética no sea el único factor. Podríamos convertirnos en pensadores habituales porque nos hace sentir que

de alguna manera estamos abordando el problema en el que estamos pensando demasiado. Debido a que el pensamiento excesivo nunca termina, esto no sucede, pero todavía sentimos que estamos progresando. Esto se convierte en un círculo vicioso del que puede ser difícil escapar.

- Otra causa de ansiedad es nuestro entorno. Aquí hay dos aspectos a tener en cuenta. Primero, debemos considerar nuestros entornos inmediatos donde pasamos la mayor parte del tiempo, como nuestro hogar y nuestra oficina. La forma en que se han diseñado estos espacios puede tener un gran impacto en nuestros niveles de ansiedad. Si están abarrotados, con poca luz y son ruidosos, nos pondremos más ansiosos. El segundo aspecto es la experiencia más amplia que tenemos en nuestro entorno sociocultural a través de nuestras interacciones con el mundo. Algo como experimentar racismo o sexismo puede estresarnos y provocar una mayor ansiedad.

- Hay muchas consecuencias negativas por pensar demasiado. Estas incluyen daños físicos, mentales e incluso sociales que pueden convertirse en problemas a largo plazo. Algunos ejemplos son aceleración del ritmo cardíaco, mareos, sensación de fatiga, irritabilidad, nerviosismo, dolores de cabeza, tensión muscular, etc.

## CAPÍTULO 2. LA FÓRMULA PARA ELIMINAR EL ESTRÉS Y LUEGO ALGUNAS

- Ahora que hemos identificado qué es pensar demasiado, necesitamos saber cómo combatirlo. Hay muchas cosas que puedes hacer para eliminar el estrés y calmar una mente ansiosa y que piensa demasiado que son simples pero efectivas.
- Lo primero que debes recordar es un mantra llamado los 4 principios de la gestión del estrés. Estos son evitar, alterar, aceptar y adaptar. Evitar cosas implica simplemente alejarse de las cosas que no puedes controlar. Algunas

cosas simplemente no valen la pena y es mejor eliminarlas de nuestro entorno por completo. Sin embargo, si no podemos evitarlo, debemos aprender a alterar nuestro entorno para eliminar el factor estresante. Si no podemos alterar nuestro entorno, no tenemos más remedio que aceptarlo. Por último, si no podemos hacer mucho acerca de la situación, debemos adaptarnos a ella y aprender a lidiar con nuestro factor estresante y reducir su potencial dañino al mínimo.

- Otra técnica popular es llevar un diario. Cuando pensamos demasiado, tenemos toneladas de pensamientos diferentes arremolinándose en nuestra mente, lo que puede resultar abrumador. Sin embargo, cuando los escribimos de manera sistemática, podemos analizarlos y evaluar si estos pensamientos se merecen en absoluto. Para desarrollar el hábito, puedes llevar un diario de bolsillo y escribir cuando lo creas necesario.

- Una tercera técnica que tenemos se llama técnica 5-4-3-2-1. Esto es muy eficaz para detener los ataques de pánico, y lo logra al involucrar los cinco sentidos. Entonces, cada vez que sientas que el pánico te supera, busca cinco cosas a tu alrededor que puedas ver, cuatro cosas que puedas tocar, tres que puedas oler, dos que puedas oír y una que puedas saborear. Involucrar tus sentidos distrae a tu cerebro del pensamiento excesivo.

## CAPÍTULO 3.ADMINISTRA TU TIEMPO Y TUS INSUMOS

- Una de las mayores fuentes de nuestra ansiedad es la mala gestión del tiempo. Tendemos a priorizar las cosas que nos hacen sentir miserables y nos negamos a dedicar el tiempo suficiente a las cosas que realmente disfrutamos. Rara vez nos tomamos un tiempo para el ocio y la relajación adecuados, por lo que debemos hacerlo conscientemente para mejorar nuestros niveles de ansiedad. Algunos consejos a seguir son hacer listas regulares de tareas pendientes, priorizar tus tareas en el orden de tu preferencia real y dividir los objetivos en partes más pequeñas.

- También existen otras estrategias que pueden ayudarnos a administrar mejor nuestro tiempo. Una de ellas se llama método de procesamiento de entradas de Allen. Aquí, las entradas son cualquier estímulo externo. Lo que tenemos que hacer es analizar y tomar nota de cómo respondemos incluso al estímulo más mínimo, como llamadas, correos electrónicos, etc. Luego, debemos planificar la mejor manera de responder en función de nuestras respuestas existentes para poder priorizar ciertos estímulos sobre otros.

- Otra técnica útil es utilizar metas SMART. Esto significa metas específicas, mensurables, alcanzables, relevantes y con plazos determinados. Anota tus objetivos con detalles muy específicos para que sepas exactamente qué hacer. Luego, configura criterios para medir cómo sabrás que has logrado este objetivo. Asegúrate de que el objetivo sea alcanzable; no debería ser algo extravagante. Evalúa cómo este objetivo es relevante para tu sistema de valores y qué propósito cumplirá en tu vida al lograrlo. Por último, establece un límite de tiempo para completar este objetivo de modo que lo hagas en un período de tiempo razonable.

## CAPÍTULO 4. CÓMO ENCONTRAR EL ZEN INSTANTÁNEAMENTE

- Puede haber momentos en los que sientas que tu ansiedad está llegando a un punto álgido o que estás a punto de salirte de tu control. En tales casos, puedes confiar en algunas técnicas probadas y comprobadas para reducir tus niveles de estrés.
- La primera de estas técnicas es el entrenamiento autógeno. Con esto nuestro objetivo es controlar nuestros pensamientos y emociones a través de seis ejercicios diferentes. Para practicar la primera técnica, busca un lugar

cómodo para sentarte o acostarte. Luego, date ciertas señales verbales como «Estoy completamente tranquilo» mientras respiras lenta y constantemente. Siente las sensaciones en varias partes de tu cuerpo mientras te repites intermitentemente la frase. Aunque puede llevar algún tiempo dominar esta técnica, es simple y se puede realizar en cualquier lugar y en cualquier momento.

- La segunda técnica se llama imágenes guiadas. Esencialmente, encuentras una posición cómoda y piensas en un lugar que involucre todos tus diferentes sentidos como el olfato, el oído, etc., de una manera agradablemente estimulante. Este puede ser cualquier lugar, solo debe ser uno que inspire relajación. Imagínalo con el mayor detalle posible haciendo un uso completo de tu imaginación.

- Por último, tenemos la relajación muscular progresiva. Esta técnica se basa en la teoría de que la relajación física conduce a la relajación mental. Por lo tanto, el objetivo es relajar físicamente los músculos tensándolos primero. Nuevamente, siéntate en una posición cómoda y ve de la cabeza a los pies o viceversa y tensa diferentes partes de tu cuerpo antes de relajarte y continuar.

## CAPÍTULO 5.REORGANIZA TUS PATRONES DE PENSAMIENTO

- Muchos de nosotros estamos atascados en ciertos patrones específicos de pensamientos negativos que nos causan mucha ansiedad. La terapia cognitivo-conductual puede ayudarte a identificar estos patrones de pensamiento y reemplazarlos con actitudes más positivas que mejorarán significativamente tu salud mental.

- Lo primero que debes hacer es identificar las diferentes distorsiones cognitivas de las que podrías ser víctima. Algunos de los más comunes son el pensamiento en blanco y negro, en el que percibes todo en extremos, ya sea como horrible o celestial, y descartando lo positivo para enfocarte de manera desproporcionada en lo malo en cualquier escenario dado. Existe una larga lista de tales distorsiones, y probablemente empleemos varias diferentes juntas.

- A continuación, nos enfocamos en qué tipo de situaciones, personas o entornos desencadenan patrones de pensamiento específicos para ti. Puedes utilizar el registro de pensamientos disfuncionales como una forma de realizar un seguimiento de los detalles relevantes. Aquí, siempre que sientas que te deslizas hacia un patrón de pensamiento negativo, para e identifica el lugar, la situación o los eventos que precedieron al pensamiento, qué fue exactamente el pensamiento y qué tipo de distorsión fue. Luego, piensa en una respuesta racional a este pensamiento.

- Una vez que comprendamos más sobre nuestras distorsiones cognitivas, necesitamos formas de cambiar estos patrones de pensamiento. Una forma eficaz de hacer esto es a través de experimentos de comportamiento. Una forma sencilla de utilizar esta técnica es expresar claramente tu pensamiento o creencia negativa. Luego, formula una hipótesis en la que consideres la posibilidad de que sea falsa. Piensa si tienes alguna evidencia o experiencia pasada que pueda indicar que la creencia es de hecho falsa. Haz observaciones que puedan apuntar a lo mismo y, si encuentras razones para dudar de tu creencia original, analízalas y realiza cambios en tu patrón de pensamiento en consecuencia.

## CAPÍTULO 6. ACTITUDES RECIÉN DESCUBIERTAS Y REGULACIÓN EMOCIONAL

- Aunque este libro establece un montón de estrategias para ayudarte a lidiar con la ansiedad y el pensamiento excesivo, el objetivo aquí no es solo aprender algunos consejos y trucos. Es tener un impacto más transformador al inducir un cambio fundamental en nuestras actitudes y percepciones. Hay cinco actitudes de este tipo que necesitas incorporar a tu forma de pensar.

- La primera es concentrarte en lo que puedes controlar y no en lo que no puedes. Si puedes controlar algo, hazlo. Pero si no puedes, no sirve de nada preocuparte por eso. Al final, no hay nada que puedas hacer y la mejor estrategia aquí es simplemente aceptar eso y seguir adelante. La segunda es concentrarte en lo que puedes hacer y no en lo que no puedes hacer. Esto es similar al primero, pero más específico. ¿Cuáles son las cosas específicas que puedes y no puedes hacer en determinadas situaciones?

- La tercera actitud es concentrarte en lo que tienes y no en lo que no tienes. A menudo nos olvidamos de apreciar todas las cosas buenas que tenemos a nuestra disposición mientras nos enfocamos abrumadoramente en lo que nos falta. Sin embargo, podemos corregir esto pensando conscientemente en las cosas buenas de nuestra vida. De manera similar, enfócate en lo que necesitas y no en lo que deseas, porque las cosas que deseas nunca terminarán y nunca serán completamente alcanzables. Esto te ayudará a concentrarte en las cosas que son absolutamente necesarias. Por último, vive en el presente, no en el pasado ni en el futuro, porque ¿qué pasaría si...? Es la mejor manera de ser la presa del pensamiento excesivo.